ALESSANDRA GODINHO

A CAPA

A CAPA
Copyright 2019 Autor da Fé Editora
Categoria: Vida cristã

Primeira edição – 2019

As citações bíblicas foram extraídas da edição Almeida Revista e Corrigida

Autora: Alessandra Godinho

Diagramação: Cainã Meucci
Capa: Daniel Gonçalves
Preparação: Dorothea Rempel
Revisão: Nathália Lambert

Coordenação editorial: Filipe Mouzinho

› Rua Placídio Covalero, 341 · Jd. São Lourenço
Bragança Paulista · SP · CEP: 12908510
11 3403 5129
contato@autordafe.com.br

autordafe
autordafeoficial
autordafe.com.br

"Se, pois, o Filho vos libertar, verdadeiramente sereis livres."

(João 8.36)

DEDICATÓRIA

Ao doce e meigo Espírito Santo, que tem sido melhor amigo, mestre e ajudador. Sem ele, este trabalho não seria possível.

Ao meu marido Gerson, que tem sido o maior incentivador e apoiador do meu ministério. Sem ele eu certamente não teria chegado até aqui. Você, que é meu melhor amigo, depois do nosso Senhor e Salvador: eu o amo.

À minha filha Ana Victória, que, com maturidade além da idade, está sempre pronta a me apoiar, entendendo que estamos aqui para servir a Deus segundo um propósito maior que nós mesmos. É um privilégio ser sua mãe, e a amo.

Agradeço ao meu pai por despertar em mim a necessidade de absorver conhecimento e à minha mãe por todo o investimento em meus estudos.

PREFÁCIO

Primeiramente, reconheço Alessandra como uma mulher de Deus, conselheira e profeta nesta geração, que, com certeza, teve uma inspiração divina na escolha do tema "A Capa". As capas na Bíblia são passagens muito fortes, assim como a seleção feita por Alessandra, principalmente, ao iniciar falando do primeiro mandamento — Honrar pai e mãe. Sabemos que toda honra tem uma recompensa, mas toda desonra tem também um alto preço. A escritora fala do poder de escolher. Algo tremendo, pois sabemos que nossas escolhas afetam a nossa descendência. Conheço muitas famílias travadas, que tiveram consequências terríveis, pois não souberam tomar o melhor caminho. Na verdade, a autora incentiva a calcular o impacto de cada escolha.

Chamou a minha atenção o capítulo 3, denominado A Capa do Pecado. Preste atenção: a Bíblia diz que o salário do pecado é a morte, e que só os Santos verão a Deus. Fuja do pecado, pois ele o mata. Ela se preocupa em saber onde você vai passar a eternidade? Termino falando da capa desejada, em que a autora cita a sabedoria, a humildade e a perseverança.

Recomendo aos leitores deste livro enriquecedor que meditem em cada capa, pedindo ao Espirito Santo que os ajudem a abandonar algumas escolhas que impedem a sua felicidade, e, como disse Alessandra, que nos ajudem na posse das capas de que precisamos para nos revestir.

Caminhando pelo livro, você será fortalecido. Creio que Deus falará muito ao seu coração e aumentará seu nível de intimidade com Ele, pois este é um livro de mudanças e de muito ensino.

Estou convicto de que, após terminar a leitura dessas instruções e praticar, Deus vai começar a usá-lo poderosamente nesta geração. Prepare-se para um novo tempo. Amei prefaciar este livro, que será uma benção no Brasil e em outras Nações. Obrigado Alessandra e Gerson Godinho, amigo de 40 anos.

Dario Brunet

SUMÁRIO

INTRODUÇÃO

Durante anos perguntei-me por que a igreja tem ficado mais enferma a cada dia, tornando-se menos resistente espiritualmente; ou por que temos nos transformado em crentes invejosos, jactanciosos, murmuradores, impacientes, competitivos e preguiçosos. A meu ver chega a ser irônico, pois não é falta da Palavra, que tem sido amplamente propagada; também não é falta de igreja, porque temos igrejas para todos os tipos de pessoas e, porque não dizer, para todos os gostos.

Foi então que o Senhor me levou a observar a condição emocional das pessoas dentro das igrejas e a maneira como elas lidam com situações adversas ou sentimentos indesejados como frustração, medo, angústia, ansiedade, baixa autoestima, um ego inflado ou traição.

Um dia o doce e meigo Espírito Santo começou a mostrar ao meu coração que aquilo que me causava indignação era exatamente o que Ele havia me chamado para ajudar a transformar, sob Sua orientação, Seus ensinamentos e Sua Palavra.

Em um dado momento, Ele começou a dar-me o que eu inicialmente pensei ser uma série de palavras e pregações que ficaram guardadas durante uns três anos. Até que Ele trouxe essas mensagens à minha memória e me disse: "Pegue cada uma daquelas palavras e escreva um livro". Confesso que pensei que minha mente estivesse me pregando uma peça, mas aquelas palavras não saíam da minha mente e meu coração ardia. Foi então que resolvi começar a escrever.

O objetivo deste livro é promover libertação das cadeias emocionais que têm afligido e abatido homens e mulheres chamados para serem cheios do poder de Deus, mas que infelizmente estão aprisionados por sentimentos que os impedem de viver o novo que Deus tem para suas vidas, de serem renovados pelo Espírito Santo, de se perdoarem e de liberarem perdão para terceiros. Essas pessoas vivem com sentimentos que não conseguem compreender e com os quais não sabem lidar, que os têm escravizado quando deveriam ter recebido vida plena através da cruz. Não tenho a pretensão de esgotar um assunto tão complexo nestas poucas palavras, mas acredito que este será o início de uma nova caminhada para uns, um recomeço para outros, ou ainda uma jornada ao autoconhecimento.

Espero que este livro ajude o maior número de pessoas possível. Se este livro o ajudar, compartilhe-o com outros, para que também sejam libertos emocionalmente e se tornem sãos, pois pessoas curadas tornam-se um canal de libertação para aqueles ao seu redor. Em contraposição, enfermos só produzem outros enfermos, porque descarregam suas frustrações, suas marcas e suas enfermidades no próximo, ferindo outros.

Antes de começar a ler, gostaria de convidá-lo a fazer esta oração, independentemente de sua religião ou de sequer ter uma.

ORAÇÃO

Senhor Jesus, hoje eu coloco a minha vida em Tuas mãos. Declaro que, a partir de hoje, eu entrego o leme da embarcação chamada "eu" em Tuas mãos. Peço que, através da leitura deste livro, o Senhor abra os meus olhos para que eu veja, abra o meu entendimento e traga discernimento para que eu possa começar uma nova história. Peço que essa história seja uma história de liberdade e de estabilidade em todas as áreas da minha vida, capaz de me tornar livre de tudo aquilo que tem aprisionado as minhas emoções, impedindo-me de avançar, de prosperar e de ter uma vida plena em Ti. Peço que, a partir desta nova caminhada, eu seja dependente somente de Ti. Espírito Santo, traga a revelação que vem do alto durante esta leitura. Em nome de Jesus, Amém.

Capítulo 1

A CAPA HERDADA

A CAPA DE NOÉ

"E bebeu do vinho e embebedou-se; e descobriu-se no meio de sua tenda. E viu Cam, o pai de Canaã, a nudez de seu pai e fê-lo saber a ambos seus irmãos, fora. Então, tomaram Sem e Jafé uma capa, puseram-na sobre ambos os seus ombros e, indo virados para trás, cobriram a nudez do seu pai; e os seus rostos eram virados, de maneira que não viram a nudez do seu pai. E despertou Noé do seu vinho e soube o que seu filho menor lhe fizera. E disse: Maldito seja Canaã; servo dos servos seja aos seus irmãos. E disse: Bendito seja o Senhor, Deus de Sem; e seja-lhe Canaã por servo. Alargue Deus a Jafé, e habite nas tendas de Sem; e seja-lhe Canaã por servo."

Noé, filho de Lameque, filho de Matusalém, filho de Enoque, da linhagem de Sete, foi o último patriarca antediluviano. Segundo o dicionário Strong, "Noe", de origem hebraica, significa descanso e repouso. Gênesis 5.29

relata: *"E chamou seu nome Noé, dizendo: Este nos consolará acerca de nossas obras e do trabalho de nossas mãos, por causa da terra que o Senhor amaldiçoou"*.

Noé é considerado o segundo pai da raça humana. Foi um homem paciente, consistente e, acima de tudo, obediente. Segundo a narrativa de Gênesis 6.9, Noé foi um homem justo e perfeito em suas gerações. Ele andava com Deus a exemplo de seu bisavô, Enoque.

Foi um homem que vivia em comunhão com Deus, dono de um caráter justo e íntegro, diferentemente das pessoas de seu tempo. Segundo Gênesis 6.5, a moralidade da população naquele período tinha sido totalmente consumida pelo pecado, assim como em nossos dias.

Jesus cita Noé quando compara os dias anteriores ao dilúvio, com sua civilização perversa e totalmente contaminada pelo pecado, aos dias que antecedem a segunda vinda de Cristo, em Mateus 24.37-38 e Lucas 17.26-27. Em 2 Pedro 2.5, ele é citado como o "pregador da justiça".

A descrição mais objetiva de seu caráter está na galeria dos heróis da fé, no capítulo 11 do livro de Hebreus: *"Pela fé, Noé, divinamente instruído acerca de acontecimentos que ainda não se viam e sendo temente a Deus, aparelhou uma arca para a salvação de sua casa; pela qual condenou o mundo e se tornou herdeiro da justiça que vem da fé"* (Hebreus 11.7).

A Bíblia descreve, em Gênesis 5.32, que Noé já tivera seus três filhos aos 500 anos de idade. Aos 600 anos, vivenciou o dilúvio (Gênesis 7.11) e, depois, ainda viveu 350 anos, totalizando 950 anos (Gênesis 9.28). Gênesis 6.3 e 1 Pedro 3.20 descrevem que o juízo de Deus tinha data marcada para acontecer, precisamente 120 anos, tempo em que Noé pregou a justiça, muito embora sem resultado, já que não houve arrependimento.

Mesmo com um currículo desses, o grande herói da fé embriagou-se e foi mau exemplo para seus filhos, assim como Cam, o que gerou consequências para seu filho, Canaã. Vamos fazer uma análise?

1º - Cam violou o primeiro mandamento de Deus com uma promessa:

"Honra a teu pai e a tua mãe, para que se prolonguem os teus dias na terra que o Senhor teu Deus te dá" Êxodo 20.12.

Quando pensamos em honra, primeiramente pensamos em Deus ou em seus representantes, como os profetas, que são autoridades estabelecidas pelo Senhor sobre nossas vidas. Naquele tempo, os pais representavam Deus perante seus filhos.

Infelizmente, temos visto muitos jovens morrendo na flor da idade porque a sociedade moderna, principalmente a ocidental, prega a independência e a autossuficiência. Valores como o respeito aos pais têm sido postos de lado, e o resultado é o inimigo ceifando vidas cada vez mais cedo.

2º - Nossas escolhas afetam a nossa família e a nossa descendência:

Sabemos que o pai é a referência dos filhos. Satanás tem usado inúmeras estratégias para destruir a família. Ele sabe que a família sem um pai se desestrutura, e os filhos perdem seu referencial. As estatísticas apontam que a maioria esmagadora da população carcerária não teve pai; nunca o conheceu, não foi registrado por ele, é fruto de um adultério ou simplesmente foi rejeitado.

Canaã foi amaldiçoado devido às atitudes de Cam, mas Sem e Jafé foram abençoados pela sua atitude de aliança. O resultado desse episódio foi que os descendentes de Canaã deram origem às tribos responsáveis por causar muitos problemas ao povo israelita. Da descendência de Sem, por outro lado, vieram os israelitas. Ao longo da Bíblia, vemos diversos exemplos de atitudes de servos de Deus que afetaram sua casa e sua descendência, como no caso de Davi, um homem segundo o coração de Deus, mas que, através de suas escolhas, trouxe a espada sobre sua casa.

Precisamos entender que sempre que escolhemos desobedecer os ensinamentos de Deus somos roubados em alguma(s) área(s) de nossas vidas. Todas as regras de conduta de que precisamos para viver bem estão descritas na Bíblia - e não estão lá por acaso. Deus nos instruiu através de Sua Palavra para que possamos viver bem e para que tenhamos uma vida plena e feliz, cheia de intimidade com Ele. Quando escolhemos pecar, sofremos as implicações de nossas escolhas e, normalmente, aqueles que estão ao nosso redor e que mais amamos enfrentam as maiores consequências.

3º - Por que Noé amaldiçoou Canaã, e não Cam?

Porque ninguém pode amaldiçoar o que Deus abençoou. Quando Moabe temeu o povo numeroso de Israel acampado perto de Jericó, chamou o afamado profeta Balaão para amaldiçoar o povo em troca de uma grande quantia. Contudo, Deus colocou estas palavras na boca do profeta: *"Como posso amaldiçoar a quem Deus não amaldiçoou? Como posso denunciar a quem o SENHOR não denunciou?"* (Números 23.8).

Balaão diz ao rei moabita Balaque: *"Eis que para abençoar recebi ordem; ele abençoou, não o posso revogar"* (Números 23.20).

"Eis que estas, por conselho de Balaão, fizeram prevaricar os filhos de Israel contra o SENHOR, no caso de Peor, pelo que houve a praga entre a congregação do SENHOR."
(Números 31.16)

"Tenho, todavia, contra ti algumas coisas, pois que tens aí os que sustentam a doutrina de Balaão, o qual ensinava a Balaque a armar ciladas diante dos filhos de Israel para comerem coisas sacrificadas aos ídolos e praticarem a prostituição."
(Apocalipse 2.14)

Balaão tentou desobedecer o Senhor e amaldiçoar o povo de Israel de todas as formas possíveis,mas Deus não só não permitiu como determinou que ele abençoasse o Seu povo. Como alternativa, Balaão decidiu aconselhar o rei Balaque a levar Israel a casar-se com mulheres moabitas, que levariam o povo de Deus a se perder na idolatria, trazendo maldição.

Você deve estar se perguntando: por que estudamos toda essa história?

Porque precisamos aprender que fomos chamados para abençoar, e não para amaldiçoar. Se até aqui você teve medo de palavras de maldição contra a sua vida, quero dizer-lhe que elas não têm poder, porque você já foi abençoado por Deus. Através de suas palavras você tem o poder de amaldiçoar sua vida. Por isso, precisamos aprender a vigiar nossa língua, pois dela procede vida ou morte, bênção ou maldição. Vejamos o que a Bíblia diz a respeito da língua: *"Quem é o homem que ama a vida e quer longevidade para ver o bem? Refreia a língua do mal e os lábios de falarem dolosamente"* (Salmo 34.12-13).

"Porque todos tropeçamos em muitas coisas. Se alguém não tropeça no falar, é perfeito varão, capaz de refrear também todo o corpo. Ora, se pomos freio na boca dos cavalos, para nos obedecerem, também lhes dirigimos o corpo inteiro. Observai, igualmente, os navios que, sendo tão grandes e batidos de rijos ventos, por um pequeníssimo leme são dirigidos para onde queira o impulso do timoneiro. Assim, também a língua, pequeno órgão, se gaba de grandes coisas. Vede como uma fagulha põe em brasas tão grande selva! Ora, a língua é fogo; é

mundo de iniquidade; a língua está situada entre os membros de nosso corpo, e contamina o corpo inteiro, e não só põe em chamas toda a carreira da existência humana, como também é posta ela mesma em chamas pelo inferno. Pois toda espécie de feras, de aves, de répteis e de seres marinhos se doma e tem sido domada pelo gênero humano; a língua, porém, nenhum dos homens é capaz de domar; é mal incontido, carregado de veneno mortífero. Com ela, bendizemos ao Senhor e Pai; também, com ela, amaldiçoamos os homens, feitos à semelhança de Deus. De uma só boca procede bênção e maldição. Meus irmãos, não é conveniente que estas coisas sejam assim. Acaso, pode a fonte jorrar do mesmo lugar o que é doce e o que é amargoso? Acaso, meus irmãos, pode a figueira produzir azeitonas ou a videira, figos? Tampouco fonte de água salgada pode dar água doce."

(Tiago 3.2-12)

Agora que sabemos o que a Palavra do Senhor diz a respeito da língua, precisamos aprender a lidar com ela, a controlá-la e, acima de tudo, precisamos aprender a utilizá-la em nosso favor, não contra nós. A essa altura você deve estar se perguntando: como vou conseguir controlar a minha língua?

Quero dizer-lhe que não é uma tarefa fácil, mas que é perfeitamente possível. Você conseguirá. Eu vejo o controle da língua como um exercício diário, especialmente nos momentos de grande tensão. É fundamental para que não nos tornemos agentes do inimigo em nosso lar, trabalho, meio social, igreja, ministério e, principalmente, com nossos filhos e cônjuge, que são nosso primeiro e mais importante ministério, independentemente da vocação que recebemos do Senhor. Devemos posicionar-nos como agentes de Cristo na terra e, como tais, somos responsáveis por profetizar as bênçãos de Deus. A primeira providência a tomar é sujeitar nossa língua ao Espírito Santo de Deus e, para tal, devemos orar.

ORAÇÃO

Senhor, hoje quero sujeitar a minha língua a Ti, hoje decido tornar a minha língua cativa ao Teu Santo Espírito, em nome de Jesus.

Agora que sujeitamos nossa língua ao Senhor, gostaria de apresentar alguns exemplos de como usar as palavras em seu favor.

Se você perceber que seu filho tem problemas em obedecer à sua autoridade, não diga que ele é rebelde, insubordinado e desobediente. Você deve passar a declarar palavras de bênção sobre ele e, sempre que possível, declare a Palavra do Senhor: *"Meu filho é uma bênção. Declaro debaixo da Palavra do Senhor que o meu filho é obediente ao primeiro mandamento de Deus com promessa, 'honra a teu pai e a tua mãe, para que se prolonguem os teus dias na terra que o Senhor teu Deus te dá"* (Êxodo 20.12).

Declaro que o meu filho será poderosamente usado pelo Senhor e que a sua descendência, até a volta de Jesus, servirá ao Senhor todos os dias da sua vida e jamais se desviará dos seus caminhos." Se seu filho cultiva amizades que você não aprova, ore, pedindo ao Senhor para separá-lo dessas amizades e alianças.

Se o seu marido não é convertido ou não sabe exercer o papel de sacerdote no lar, se sua esposa não sabe ser coluna do lar, se leva uma vida de bebedices ou de prostituição, comece a abençoá-lo (a): "Meu marido (minha esposa) é uma bênção; meu marido é sacerdote ou minha esposa é coluna do nosso lar; meu marido é autoridade constituída por Deus sobre a minha vida e a vida dos nossos filhos; declaro que o meu leito conjugal é santo; declaro que nenhum vício tem poder contra a vida do meu marido (esposa); declaro que meu marido (esposa) é santo(a)". Tenho visto vidas de muitas pessoas serem transformadas pelo poder das palavras.

Você precisa compreender que as circunstâncias não podem defini-lo. O que o define é a sua fé, é a Palavra do Senhor. Aprender a usar as palavras em seu favor é um exercício diário que requer muito esforço e muita força de vontade. Ainda que não esteja vendo nada acontecer, persevere; ainda que a situação seja adversa, persevere. Você não foi chamado para viver pelo que vê, mas pela fé. Suas atitudes devem ser condizentes com a sua fé, e fé é a certeza das coisas que ainda não vemos, mas esperamos.

4º - A capa encobriu a vergonha de Noé, assim como o sangue do Cordeiro encobriu nossos pecados:

Cam representa a lei, que expõe a condição pecaminosa e caída do homem, aponta sua vergonha e indignidade e ressalta seus erros e suas falhas, porque isso é o que o religioso sabe fazer. O religioso gosta de exortar, mas é arrogante demais para se sujeitar à correção.

Sem e Jafé representam a graça que se recusa a olhar para a vergonha, optando sempre por cobri-la com a justiça de Deus, em Jesus. Contudo, não podemos deixar de dizer que a graça encobre, mas nunca acoberta.

Precisamos entender que a lei sempre se oporá à graça. A lei insiste em expor a nudez, mas a graça encobre a multidão de nossos pecados, sejam quais forem. A lei busca alguém para condenar, mas a graça nos justifica. Os olhos da lei estão na impossibilidade, na incapacidade e na fraqueza, mas a graça olha para Jesus e segue confiando que nada é demasiadamente difícil para Ele, como descreve Jeremias 32.17. A lei acusa e expõe, mas a graça encobre apontando o caminho para a transformação.

Gostaria de convidá-lo a abandonar a capa de Noé. Pegue um pedaço de papel e comece a analisar sua vida desde a lembrança mais remota. Peça ajuda ao Espírito Santo para lhe trazer à memória toda palavra que você recebeu e na qual acreditou. Vamos realizar um ato profético. Comece a anotar cada palavra de maldição que recebeu, cada palavra contrária, cada palavra depreciativa, palavras que o tornaram frágil e inseguro. Palavras como: você nunca vai dar certo, você não vai dar em nada, nunca será próspero, nunca terá uma família, nunca terá um bom casamento, não é bom o bastante, não é bonito(a), não presta pra nada, deveria ter sido abortado, é um bastardo(a), seus filhos não vão dar em nada, etc. Se você tem filhos, se precisa perdoar os seus pais ou pedir-lhes perdão, mesmo que não estejam mais vivos, anote palavras de maldição que liberou ou tem o hábito de liberar sobre sua vida, sua casa, seu ministério. Peça ajuda ao Espírito Santo, e Ele lhe trará à memória tudo o que precisa ser abandonado. Feito isso, quero convidá-lo a repetir esta oração comigo:

ORAÇÃO

Senhor, eu sei que és um Deus atemporal. Por isso eu peço, em nome de Jesus, que o Senhor recolha no mundo espiritual cada palavra de maldição dizendo que (repita em voz alta tudo o que anotou no papel, por exemplo, que nunca seria ninguém, que não foi desejada como filho(a), que nada daria certo na sua vida, etc.). Quebra, Senhor, todo poder que essas palavras tiveram sobre minha vida até agora, ou terão sobre a vida de meus filhos e dos filhos de meus filhos até a quarta geração. Quebra, Senhor, toda palavra de maldição que eu recebi de autoridade espiritual. Eu rejeito cada uma dessas palavras. Perdoa-me, Senhor, por cada vez em que eu não honrei ao meu pai e a minha mãe. Eu libero perdão para os meus pais por cada palavra de maldição que lançaram sobre a minha vida, libero perdão por toda agressão física e verbal que cometeram contra mim. Pai, recolhe também no mundo espiritual cada palavra de maldição que, por falta de vigilância ou conhecimento da Tua Palavra, liberei sobre a vida dos meus filhos e dos filhos de meus filhos até a quarta geração, bem como cada palavra que eu liberei sobre meu casamento e sobre a minha vida. Transforma toda maldição em bênção. Hoje eu abandono a capa de Noé, a capa que eu herdei, e me aproprio das Tuas bênçãos a mim conferidas através da Tua Palavra, para viver um novo tempo em Tua presença. É o que peço e agradeço, crendo que já recebi a vitória. Em nome de Jesus, Amém.

Feito isso, rasgue o papel e o jogue fora, crendo que você foi ouvido por Deus, que Ele lhe dará sinais de que o mundo espiritual começou a se mover em seu favor e que a sua verdade é Cristo. A partir de agora creia que você não é o que as pessoas dizem. Você não é mais o reflexo das palavras de maldição que foram liberadas sobre a sua vida, mas o que a Bíblia diz que você é. Da mesma forma, você chegará onde a Bíblia diz que chegará.

Você escreverá estes três versículos num papel, em primeira pessoa, e os colará no espelho que mais usa em casa. Vai repeti-los todos os dias, no mínimo três vezes ao dia, até que se tornem a sua verdade.

"Seja forte e corajoso, porque você conduzirá esse povo para herdar a terra que prometi sob juramento aos seus antepassados."
(Josué 1.6)

"Mas em todas estas coisas somos mais que vencedores, por meio daquele que nos amou."
(Romanos 8.37)

"Porém, vós sois geração eleita, sacerdócio real, nação santa, povo de propriedade exclusiva de Deus, cujo propósito é proclamar as grandezas daquele que vos convocou das trevas para sua maravilhosa luz."

(1 Pedro 2.9)

Escreva:

- Eu sou forte e corajoso(a);

- Eu sou mais que vencedor(a) em Cristo Jesus;

- Eu sou parte da geração eleita, do sacerdócio real, da nação santa e do povo de propriedade exclusiva de Deus.

Capítulo 2

A CAPA DA HIPOCRISIA E FALTA DE IDENTIDADE

A CAPA DA MULHER DE JEROBOÃO

"E este disse à sua mulher: 'Use um disfarce para não ser reconhecida como a mulher de Jeroboão, e vá a Siló, onde vive o profeta Aías, aquele que me disse que eu seria rei sobre este povo'.(...) Quando Aías ouviu o som dos passos junto da porta, disse: 'Entre, mulher de Jeroboão. Por que esse fingimento? Fui encarregado de lhe dar más notícias'."

A primeira coisa de que precisamos nos conscientizar é que temos uma pré-disposição à hipocrisia e à falta de identidade. A melhor definição para hipocrisia vem da própria Bíblia, em Mateus 23.27: *"Ai de vós, escribas e fariseus, hipócritas! pois que sois semelhantes aos sepulcros caiados, que por fora realmente parecem formosos, mas interiormente estão cheios de ossos de mortos e de toda a imundícia".*

Podemos enganar o irmão, o pastor, o profeta - podemos até nos enganar -, mas nunca a Deus.

Tendo isso em mente, passemos a analisar o motivo pelo qual, mesmo sabendo que o Senhor Jesus é um Deus de amor, misericordioso, tardio para se irar e sempre pronto a nos perdoar e abençoar (Êxodo 34.6), preferimos entrar na presença do Senhor disfarçados, esquecendo-nos de que Ele é Deus onisciente, esquecendo que diante Dele estamos nus, esquecendo que em Sua Palavra está escrito que todas as coisas estão patentes aos Seus olhos. Entramos em sua presença como descreve a parábola do fariseu e do publicano, narrada em Lucas 18.9-14:

"E disse também esta parábola a uns que confiavam em si mesmos, crendo que eram justos, e desprezavam os outros: Dois homens subiram ao templo, a orar; um, fariseu, e o outro, publicano. O fariseu, estando em pé, orava consigo desta maneira: Ó Deus, graças te dou, porque não sou como os demais homens, roubadores, injustos e adúlteros; nem ainda como este publicano. Jejuo duas vezes na semana e dou os dízimos de tudo quanto possuo. O publicano, porém, estando em pé, de longe, nem ainda queria levantar os olhos ao céu, mas batia no peito, dizendo: Ó Deus, tem misericórdia de mim, pecador! Digo-vos que este desceu justificado para sua casa, e não aquele; porque qualquer que a si mesmo se exalta será humilhado, e qualquer que a si mesmo se humilha será exaltado."

Precisamos entender que sempre temos uma escolha. Devemos agir como homens e mulheres de Deus, conduzindo-nos de forma ilibada e abandonando toda hipocrisia, como determina a Palavra em 1 Pedro 2.1: *"Livrem-se, pois, de toda maldade e de todo engano, hipocrisia, inveja e toda espécie de maledicência"*. Não podemos viver como os hipócritas, que agem segundo os seus próprios interesses, pregando o que não vivem e inventando regras que de fato são jugos para os outros. Precisamos aprender a fazer escolhas à luz da Bíblia, e não segundo nossa conveniência. Precisamos decidir se viveremos usando dois pesos e duas medidas para o pecado, justificando nossos erros e apontando com rigor os erros dos outros, diferentemente da misericórdia que costumamos requerer em nosso favor. Temos que decidir se nossa conduta será compatível com o Evangelho da graça, que nos entregou o ministério da reconciliação (*"Tudo isso provém de Deus, que nos reconciliou consigo mesmo por meio de Cristo e nos deu o ministério da reconciliação"* - 2 Coríntios 5:18), ou se vamos continuar vivendo segundo a lei, sempre prontos a julgar, apontar e condenar.

"Eis que hoje eu ponho diante de vós a bênção e a maldição."
(Deuteronômio 11.26)

Deus, em sua infinita misericórdia, sempre nos deu o direito de escolha. Resta saber escolheremos a parte boa ou a mais conveniente. Percorrer o caminho estreito é mais difícil e talvez até mais demorado, mas certamente nos conduzirá às águas tranquilas. Podemos escolher livremente, mas não devemos nos esquecer de que teremos que arcar com as consequências de nossas escolhas. A Palavra do Senhor nos garante isso através da lei da semeadura, descrita em Gálatas 6.7: *"Não vos enganeis; Deus não se deixa escarnecer; pois tudo o que o homem semear, isso também ceifará."*

Neste ponto, gostaria de abrir um parêntese a respeito da mulher cananeia, chamada "cachorra" por Jesus em Mateus 15.21-29. Podemos observar que ela se aproxima de Jesus com um discurso pronto: *"Senhor, Filho de Davi, tem misericórdia de mim!"* (Mateus 5.22). Pelo fato de ser cananeia, ela adorava a falsos deuses, e Jesus lhe mostrou sua hipocrisia. Em outras palavras, Ele estava dizendo: "Ei, mulher, eu vim para o meu povo, e não para os gentios". Quando penso na capacidade daquela mulher de fazer uma escolha em questão de um momento, fico admirada. Ela decidiu colocar de lado sua hipocrisia e apresentar sua real necessidade, desprovida de artimanhas, confiando na misericórdia de Jesus. Foi exatamente quando ela fez essa escolha que Jesus entregou o milagre que ela precisava.

Voltando à história de Jeroboão, duas coisas chamam a atenção: a primeira é que Jeroboão sabia como deveria proceder, uma vez que não consultou a nenhum de seus profetas no momento de aflição; antes, enviou a esposa para consultar o verdadeiro profeta de Deus. Isso nos mostra que ele sabia escolher, sabia como deveria proceder. Contudo, nada disso foi o bastante, porque ele escolheu deliberadamente viver e agir de acordo com sua própria vontade, fazendo o que era mau aos olhos do Senhor. A sua escolha lhe rendeu frutos amargos, e a Bíblia nos adverte a respeito dessa decisão em

Tiago 4.17: *"Pensem nisto, pois: Quem sabe que deve fazer o bem e não o faz, comete pecado."*

A segunda coisa que percebemos é que sua mulher já havia perdido:

- Sua identidade espiritual;
- Sua comunhão com Deus;
- Sua personalidade.

Identidade é um conjunto de características próprias e exclusivas que definem e identificam uma pessoa, como nome, certidão de nascimento, identidade, filiação, características comportamentais de família ou modo de vida. Sem essas características, não temos direito de cidadania. Também fomos formados por Deus com características genéticas únicas, como impressão digital, timbre da voz e o DNA.

Deus nos criou únicos, e o Senhor Jesus é parte fundamental de nossas vidas. Ele veio para nos tornar melhores e para nos ajudar a aprimorar o que já está dentro de nós.

No concernente à identidade espiritual, a Bíblia diz, em 1 Pedro 2.9, que, ao aceitarmos Jesus, passamos a ser: *"Porém, vós sois geração eleita, sacerdócio real, nação santa, povo de propriedade exclusiva de Deus, cujo propósito é proclamar as grandezas daquele que vos convocou das trevas para sua maravilhosa luz"*. Somos filhos de Deus, e o nosso papel é manifestar a Sua glória. Então não podemos mais viver como antes, porque agora Cristo vive em nós. Essa é a nossa identidade espiritual, ou seja, o sangue e o nome de Jesus passam a nos definir no mundo espiritual.

Quando nascemos de novo, recebemos uma nova identidade espiritual e somos feitos filhos de Deus. Passamos a ser apóstolos de Cristo. Não confunda esse termo com o ministério apostólico, um dos cinco ministérios estabelecidos pelo Senhor. A palavra apóstolo significa "enviado". Você foi enviado por Ele com o ministério da reconciliação e, assim, não vive mais você, mas Cristo vive em você e passa a operar através de você (Gálatas 2.20).

Fomos feitos filhos de Deus, mas um filho nunca será igual ao outro. Costumamos dizer, ou certamente já ouvimos mais de uma vez, que somos o que a Bíblia diz que somos e que chegaremos onde a Bíblia diz que chegaremos, mas a verdade é que para muitos isso é só mais um jargão gospel. Temos o hábito de exaltar nossas virtudes e qualidades.

Muitos de nós já perderam sua identidade espiritual porque escolheram viver de acordo com conselhos humanos e até mundanos. Escolheram viver segundo sua própria vontade, de maneira que não sabem mais – ou nunca aprenderam - qual é o seu lugar no Reino de Deus. Não sabem como proceder para abandonar a hipocrisia e resgatar a identidade espiritual de filhos. Se você se encontra nesta situação - não sabe mais ou nunca soube qual a sua identidade espiritual, e não sabe como reassumir esta identidade - fique calmo.

Se você precisasse tirar a segunda via de algum documento perdido, pagaria certo valor. Na cruz não, porque o preço já foi pago através do sangue de Jesus. O que você precisa fazer é apenas orar, arrependendo-se e pedindo ao Espírito Santo que lhe ensine a respeito de sua identidade espiritual e como viver de acordo com ela. A partir de então, procure viver debaixo dos conselhos da Bíblia, como o precioso conselho do Salmo 1. Procure caminhar buscando um relacionamento mais profundo a cada dia com o Espírito Santo, pois isso é uma fonte inesgotável.

"Bem-aventurado o homem que não anda segundo o conselho dos ímpios, nem se detém no caminho dos pecadores, nem se assenta na roda dos escarnecedores. Antes, tem o seu prazer na lei do Senhor, e na sua lei medita de dia e de noite."

Na Bíblia encontramos muitos homens e mulheres com problemas familiares, emocionais e de identidade, mas que, depois de um encontro com o Senhor, puderam recomeçar e tiveram suas histórias transformadas e suas emoções restauradas. O Pr. Anderson Silva fez uma colocação muito interessante em uma de suas ministrações: "Deus olhou para Paulo e viu a pessoa certa no time errado". Quando Deus olha pra você, Ele não o vê como é; Ele contempla o que você se tornará.

Aquela mulher já havia perdido sua comunhão com Deus, pois somente alguém que já não tem comunhão com Deus é capaz de viver segundo a própria vontade, agindo deliberadamente contra os ensinamentos bíblicos.

Por fim, constatamos que a mulher de Jeroboão já tinha perdido sua personalidade, como muitos hoje, que escolhem ser imitadores de homens em vez de imitadores de Cristo. Fomos criados à imagem e semelhança de Deus. O Senhor nos criou como pessoas únicas, mas muitos de nós preferem ser cópias, imitando esse ou aquele cantor, pregador, mestre, evangelista, apóstolo famoso ou profeta, afirmando com suas atitudes que Deus errou quando forjou em cada um de nós um caráter único e um ministério único. Quem sabe imitamos uma amiga, um parente, alguém que seja referência ou um artista, vivendo uma vida de comparações, tentando atingir padrões de perfeição inalcançáveis.

Muitas famílias vivem em hipocrisia. Apresentam-se diante da igreja, das pessoas e do meio social de certa forma, mas são só sepulcro caiado. Preferem disfarçar-se a buscar em Deus o caminho para colocar em ordem suas vidas, suas casas e seus ministérios, resgatando suas identidades em Cristo.

Em tempos de redes sociais, devemos vigiar ainda mais para não cairmos na armadilha de mostrar o que não somos ou não temos. As redes sociais têm sido responsáveis pela falta de identidade de muitos. Há pouco tempo meu pastor postou algo muito interessante em uma de suas redes sociais durante uma viagem missionária: uma foto no aeroporto com um exemplar do New York Times e um copo de café típico americano. A legenda dizia mais ou menos o seguinte: "Este jornal foi deixado na cadeira por alguém, mas não falo uma palavra em inglês. Este café foi igualmente deixado no porta-copo da cadeira. Essa é a vida nas redes sociais".

Precisamos entender que ninguém vai às redes sociais para se desnudar. Nas redes sociais, ninguém está de mau humor, ninguém está comendo mal, ninguém está mal vestido em lugares feios. Ah! Por lá, ninguém discute com o cônjuge, com os pais; ninguém perde o emprego ou tem dívidas, e por aí vai. Meu conselho é: se as redes sociais estão gerando ansiedade, estresse, insegurança, crise de identidade, se o fazem sentir-se mal ou, quem sabe, um filho preterido ou esquecido por Deus, saia delas o quanto antes e busque ao Senhor. O Diabo está tentando deformar e desconstruir sua identidade. Você é filho (João 1.12), e não há nada que possa mudar isso. Suas circunstâncias só poderão defini-lo se você permitir. Você é um ser único, criado para exercer um chamado específico. Há pessoas esperando que exerça seu chamado para serem reconciliadas com Cristo. Talvez você pense que, se não for, o Senhor enviará outra pessoa; e isso está correto. Lucas 19.40 afirma: *"'Eu digo a vocês', respondeu ele; 'se eles se calarem, as pedras clamarão'"*. Contudo, há pessoas que só serão reconciliadas com o Pai através de você.

Outra pessoa pode levantar-se para fazer o que você faz, mas ela nunca conseguirá realizar suas empreitadas com a mesma excelência, porque um indivíduo só consegue ser excelente estando no centro do seu chamado. Deus já nos deu as ferramentas adequadas e necessárias para exercermos nosso chamado. Muitos não estão satisfeitos com o chamado que receberam porque não sabem quem são em Deus. Passam, então, a desejar o chamado do outro, e vivem frustrados porque nunca alcançarão suas expectativas. Outros não estão satisfeitos com os ministérios que receberam por terem uma visão medíocre de si mesmos e, consequentemente, uma visão medíocre do Senhor. Por isso, não entendem que um

Deus tão maravilhoso e extraordinário não poderia criar um ser humano e um ministério pequeno.

Se você é homem de Deus, sabe que tem a responsabilidade de conduzir sua família segundo a direção do Senhor, e não de acordo com sua própria vontade, buscando em Deus a orientação de como exercer o sacerdócio no lar. Se você é mulher de Deus, tem a responsabilidade de edificar o lar como coluna, agregadora, ajudadora, reproduzindo comportamentos em sua caminhada que sejam compatíveis com sua identidade em Cristo.

O Senhor dotou-nos de resiliência, que nada mais é do que a capacidade de retornar ao estado original. Um bebê não nasce deformado, e nós não renascemos deformados em Cristo. Isso significa que o mesmo Deus que restaurou a identidade de seus servos na Bíblia quer restaurar sua identidade hoje e conduzi-lo ao estado original, ou seja, restaurá-lo à imagem e semelhança de Deus.

Se você tem vivido fora do modelo bíblico em seu lar, ministério, relacionamento com filhos e familiares ou em seus relacionamentos sociais, quero dar-lhe uma boa notícia: hoje é dia de cura e resgate de identidade. Você somente precisa de arrependimento sincero para que Ele lhe perdoe e você possa caminhar novamente em liberdade e autoridade, com sua identidade restaurada. A capa da hipocrisia e da falta de identidade é pesada, uma vez que sua manutenção demanda um esforço enorme. Diante disso, quero convidá-lo a abandonar a segunda capa, a capa da hipocrisia e da falta de identidade, orando comigo:

ORAÇÃO

Senhor, em nome de Teu filho amado Jesus, quero pedir perdão por todo esse tempo em que tenho vestido a capa da hipocrisia, como alguém que perdeu ou nunca viveu a identidade do Senhor. Quero pedir perdão por todas as vezes em que eu deliberadamente resolvi caminhar confiando na força do meu braço e não em Ti. Perdoa-me, Senhor, por ter tentando ser independente de Ti, mesmo sabendo que a Tua Palavra nos ensina a sermos totalmente dependentes de Ti. Quero te pedir perdão por todas as vezes em que preguei aquilo que não vivo. Peço perdão por escolher imitar pessoas em vez de ser teu imitador, por me deixar ser levado pelas circunstâncias em vez de ser conduzido pelo Teu Espírito. Hoje arranco a capa da hipocrisia da minha vida, da minha casa, do meu ministério e da minha personalidade e declaro no mundo espiritual que nunca mais tornarei a vesti-la, em nome de Jesus. Eu declaro que, em nome do Senhor Jesus, voltarei àquele lugar em que eu me perdi de Ti, para novamente segurar Tuas mãos e retomar minha caminhada contigo, de maneira honesta e sincera. Hoje eu tomo de volta minha identidade em Ti e declaro uma personalidade forjada por Ti e, acima de tudo, em comunhão contigo. Em nome de Jesus, Amém.

Capítulo 3

A CAPA DO PECADO

A CAPA DE ACÃ

"E respondeu Acã a Josué e disse: Verdadeiramente pequei contra o SENHOR, Deus de Israel, e fiz assim e assim. Quando vi entre os despojos uma boa capa babilônica, e duzentos siclos de prata e, uma cunha de ouro do peso de cinquenta siclos, cobicei-os e tomei-os; e eis que estão escondidos na terra, no meio da minha tenda, e a prata, debaixo dela. Então, Josué enviou mensageiros, que foram correndo à tenda; e eis que tudo estava escondido na sua tenda, e a prata, debaixo dela. Tomaram, pois, aquelas coisas do meio da tenda, e as trouxeram a Josué e a todos os filhos de Israel, e as deitaram perante o SENHOR. Então, Josué e todo o Israel com ele tomaram a Acã, filho de Zerá, e a prata, e a capa, e a cunha de ouro, e a seus filhos, e a suas filhas, e a seus bois, e a seus jumentos, e as suas ovelhas, e a sua tenda, e a tudo quanto tinha e levaram-nos ao vale de Acor. E disse Josué: Por que nos turbaste? O SENHOR te turbará a ti este dia. E todo o Israel o apedrejou com pedras, e os queimaram a fogo e os apedrejaram com pedras. E levantaram sobre ele um grande montão de pedras, até ao dia de hoje; assim o SENHOR se tornou do ardor da sua ira; pelo que se chamou o nome daquele lugar o vale de Acor, até ao dia de hoje."

Vemos aqui, mais uma vez, as consequências do pecado. Acã, filho de Eser, um dos líderes tribais em Seir, local em que Esaú se estabeleceu, resolveu deliberadamente ignorar a determinação que Deus havia dado a Josué para que se guardassem do que fora banido (Js 6:18-19), além de violar o mandamento "não furtarás" (Êxodo 20.15). Embora a "capa babilônica" signifique literalmente "bonita veste de Sinear", descrita em Gênesis 11.2, ela era anátema. O que significa anátema? Significa maldição, reprovação.

Assim como a capa babilônica, o pecado frequentemente é atraente, de boa aparência, agradável aos olhos, ocasionalmente revestido de status, poder, aceitação ou, em outros momentos, aparenta ser inocente. Se o pecado tivesse uma aparência ruim, ou se nos fosse apresentado como realmente é e conhecêssemos suas consequências, dificilmente seríamos atraídos a ele. Contudo, seja como for a aparência do pecado, a verdade é que sabemos distinguir o certo do errado. Sabemos o que agrada ou não agrada a Deus. O pecado pode não parecer mau, mas é contra a vontade de Deus e fere Sua santidade. Quando nos convertemos, Deus começa a fazer tudo novo. Isso nos é garantido pela Bíblia: *"Não vos lembreis das coisas passadas, nem considereis as antigas. Eis que faço uma coisa nova, agora sairá à luz; porventura não a percebeis? Eis que porei um caminho no deserto, e rios no ermo"* (Is 43.18-19).

Como em uma construção, Deus não reaproveita os alicerces para erguer nossa casa interior, agora templo do Espírito Santo. Ele destrói tudo o que é velho e começa a edificar a casa sobre novos alicerces. Mas, para que esses novos alicerces sejam construídos, é necessário derrubar o que é velho, retirar todo o entulho e instalar novas sapatas, para que as tensões de tração que atuam sobre a fundação sejam direcionadas à armadura, e não ao concreto. A Bíblia já nos ensinara isso de duas maneiras simples e objetivas: *"Ninguém põe um remendo de pano novo numa veste velha, porque arrancaria uma parte da veste e o rasgão ficaria pior. Não se coloca tampouco vinho novo em odres velhos; do contrário, os odres se rompem, o vinho se derrama e os odres se perdem. Coloca-se, porém, o vinho novo em odres novos, e assim tanto um como outro se conservam"* (Mateus 9.16-17).

Deus começa a construir um novo caráter em nós e a tornar livre nossa mente antes escrava. Ele destrói as fortalezas construídas em nós pelo pecado e pelo nosso histórico de vida.

Normalmente, as consequências do pecado são mais severas para aqueles que estão à volta, como os parentes, amigos, a igreja ou a sociedade, do que para o pecador. Com Acã não foi diferente.

Eu gostaria de abrir um parêntese para compartilhar uma experiência. Certa vez tive uma conversa com uma amiga que me dizia estar muito frustrada porque, a despeito de sua migração de determinado ministério para outro junto de alguns pastores, ela continuava vivendo as mesmas experiências. Foi então que o Espírito Santo me trouxe à memória a capa de Acã. O ministério em que ela estava nada mais era do que o remanescente do anterior, com os mesmos problemas, as mesmas práticas e o mesmo engano - logo, não poderia haver uma postura diferente. Preocupo-me muito quando vejo pessoas saindo de suas igrejas e indo atrás de líderes sem se preocuparem em saber como esse líder está saindo de seu ministério. Uns saem debaixo da bênção e do envio de seu pastor, mas outros saem porque são rebeldes e não se sujeitam ao princípio de autoridade espiritual, esquecendo-se de que a rebelião provém de Satanás e que é equiparada ao pecado de feitiçaria na Bíblia. Pessoas como esta vivem em maldição dentro da igreja.

A capa pode parecer oculta para nós, mas não para Deus: *"E não há criatura alguma encoberta diante dele; antes todas as coisas estão nuas e patentes aos olhos daquele com quem temos de tratar"* (Hebreus 4.13).

Como dito acima, o pecado fere a santidade de Deus. precisamos observar a importância da obediência a Deus. A questão aqui não era o valor dos itens escondidos, mas a obediência - ou falta dela – que, embora estivesse oculta, prejudicou a todos.

O pecado escondido destrói o espírito e a comunhão com Deus e impede que sejamos livres e desfrutemos da graça de Deus. Nunca se esqueça de que a Bíblia é um manual de conduta para que possamos viver bem.

Considere estes versículos:

"De onde vêm as guerras e contendas que há entre vocês? Não vêm das paixões que guerreiam dentro de vocês?"
(Tiago 4.1)

"Amados, peço-vos, como a peregrinos e forasteiros, que vos abstenhais das concupiscências carnais, que combatem contra a alma."
(1 Pedro 2.11)

"Porque bem sabeis que, querendo ele ainda depois herdar a bênção, foi rejeitado, porque não achou lugar de arrependimento, ainda que com lágrimas o buscou."
(Hebreus 12.17)

"Todo aquele, pois, que escuta estas minhas palavras, e as pratica, assemelhá-lo-ei ao homem prudente, que edificou a sua casa sobre a rocha; e desceu a chuva, e correram rios, e assopraram ventos, e combateram aquela casa, e não caiu, porque estava edificada sobre a rocha. E aquele que ouve estas minhas palavras, e não as cumpre, compará-lo-ei ao homem insensato, que edificou a sua casa sobre a areia; e desceu a chuva, e correram rios, e assopraram ventos, e combateram aquela casa, e caiu, e foi grande a sua queda."
(Mateus 7.24-27)

Isso posto, gostaria de convidá-lo a analisar três questões:

Em primeiro lugar, você precisa parar de se enganar. Sei que o pecado é difícil de tratar, porque envolve confronto e traz consequências, mas você precisa entender que a prática do pecado rouba você, aprisiona sua vida e tira a sua paz. Não se esconda! Entenda que nosso Deus é um Deus amoroso que já conhece a sua condição. Ele não está preocupado em julgá-lo, mas em salvá-lo e em retirá-lo dessa situação, para que você passe a viver abundantemente a vida que Ele já tornou disponível. Para isso, basta que você seja sincero com Ele. Diga o quanto tem sido difícil, como se sente, por que está tão difícil abandonar o pecado, seja qual for. Peça ajuda a Ele, porque você tem um Pai que o ama. Ele o ama tanto que lhe deixou um ajudador chamado Espírito Santo e lhe prometeu que sempre haverá perdão, consolo, recomeço.

Talvez você sinta medo ao pensar em abandonar esse pecado e nas consequências que terá de enfrentar. Há dois tipos de medo: o medo bom, que lhe dá um senso de autopreservação, e o medo mau, que extrapola o limite de normalidade, que o paralisa e tira sua capacidade de raciocínio, levando-o a reagir à circunstância por impulso, e não por direção de Deus, tornando-o prisioneiro.

Vejamos o que a Bíblia diz sobre o perdão:

"Eles se recusaram a ouvir-te e esqueceram-se dos milagres que realizaste entre eles. Tornaram-se obstinados e, na sua rebeldia, escolheram um líder a fim de voltarem à sua escravidão. Mas tu és um Deus perdoador, um Deus bondoso e misericordioso, muito paciente e cheio de amor. Por isso não os abandonaste..."
(Neemias 9.17)

"Tu és bondoso e perdoador, Senhor, rico em graça para com todos os que te invocam."
(Salmo 86.5)

"Que o ímpio abandone seu caminho, e o homem mau, os seus pensamentos. Volte-se ele para o Senhor, que terá misericórdia dele; volte-se para o nosso Deus, pois ele perdoará de bom grado."
(Isaías 55.7)

"Como é feliz aquele que tem suas transgressões perdoadas e seus pecados apagados!"
(Salmo 32.1)

Em segundo lugar, você precisa se arrepender. Depois que você se arrepender e confessar seus pecados, eles serão apagados e cancelados, e todo certificado de dívida contra você será rasgado.

Você precisa entender que o arrependimento é diferente do remorso. O arrependimento produz fruto, enquanto o remorso é um sentimento de culpa, um peso na consciência gerado por uma atitude que tira a sua paz momentaneamente, mas que você logo esquece e volta a praticar. O arrependimento sincero ao qual somos levados pelo Espírito Santo nos leva tem como consequência uma mudança permanente de atitude.

"Arrependam-se, pois, e voltem-se para Deus, para que os seus pecados sejam cancelados..."
(Atos 3.19)

"'Ninguém mais ensinará ao seu próximo nem ao seu irmão, dizendo: 'Conheça ao Senhor', porque todos eles me conhecerão,

desde 27 o menor até o maior', diz o Senhor. 'Porque eu lhes perdoarei a maldade e não me lembrarei mais dos seus pecados'."
(Jeremias 31.34)

Em terceiro lugar, você precisa pedir a Deus que lhe perdoe e o conduza ao lugar de arrependimento sincero.

Dito isso, gostaria de convidá-lo a fazer esta oração de arrependimento comigo - mesmo que você pense que não tem forças para abandonar esse pecado, pois Deus não espera que você consiga sozinho. Ele espera que você se posicione, porque o mundo espiritual funciona dessa forma: você se move, e o mundo espiritual começa a mover-se em seu favor. Ao ficar parado, ele começa a mover-se contra você. Num primeiro momento, é possível permanecer parado onde está, mas logo a pressão aumenta, e você começa a retroceder.

Se você não tem comunhão com o corpo de Cristo neste momento e a vergonha ou acusação o impedem de voltar ao corpo, ou se você nunca fez parte do corpo de Cristo, eu quero convidá-lo a repetir comigo esta oração. Quero dizer-lhe que Jesus não o condena e não o acusa. Ele está de braços abertos, esperando o seu retorno.

Depois de arrepender-se, perdoe-se; não seja seu próprio carrasco. É normal sentir tristeza por algum tempo, porque você sabe que entristeceu o Senhor, mas não permita que a tristeza se transforme em acusação, pois o Senhor já lhe perdoou e não se lembra mais de seus pecados.

ORAÇÃO

Senhor, em nome de Jesus, eu venho a Ti hoje para pedir perdão pelo meu pecado de (confesse seus pecados diante do Senhor, seja lá quais forem). Espírito Santo de Deus, eu venho pedir a Tua ajuda, porque sei que sozinho não sou capaz de abandonar esse pecado de (diga o nome do pecado). Eu sei que você pode perdoar qualquer pecado. Hoje decido abandonar a capa de Acã que venho usando todo esse tempo na tentativa de esconder meu pecado, mesmo sabendo que todas as coisas estão nuas e patentes aos Teus olhos. Eu desabilito toda palavra de acusação intentada contra mim, porque hoje eu sei que estou sendo perdoado por Ti. Eu desautorizo tudo aquilo que tem sido usado contra mim no mundo espiritual, porque eu fui liberto de todo o pecado. Eu rejeito todo o medo que tem me manipulado. Senhor, passa o sangue do Cordeiro entre esses pecados e eu, de maneira que haja separação. Transforma-me Senhor, dá-me a mente de Cristo, firmada na Tua Palavra, e que meus lábios a partir de hoje permaneçam cativos ao Espírito Santo. Eu declaro que a minha vida é Tua, Senhor Jesus. Eu declaro hoje, em teu nome, falência de tudo aquilo que me aprisionava e acusava no mundo espiritual. Eu declaro que o pecado não tem mais poder sobre mim e te agradeço, Senhor, por me perdoar. Purifica-me como o hissopo, de maneira que esses pecados sejam extirpados de minha vida, do meu casamento, da vida dos meus filhos e dos filhos de meus filhos até a quarta geração. Ajuda-me, Senhor, a manter-me firme no propósito de viver em santidade e de acordo como os ensinamentos da Tua Palavra. Em nome de Jesus, Amém.

Capítulo 4

A CAPA IMPOSTA

A CAPA DE BARTIMEU

"E depois, foram para Jericó. E, saindo ele de Jericó com seus discípulos e uma grande multidão, Bartimeu, o cego, filho de Timeu, estava assentado junto do caminho, mendigando. E, ouvindo que era Jesus de Nazaré, começou a clamar, e a dizer: Jesus, filho de Davi, tem misericórdia de mim. E muitos o repreendiam, para que se calasse; mas ele clamava cada vez mais: Filho de Davi! tem misericórdia de mim. E Jesus, parando, disse que o chamassem; e chamaram o cego, dizendo-lhe: Tem bom ânimo; levanta-te, que ele te chama. E ele, lançando de si a sua capa, levantou-se, e foi ter com Jesus. E Jesus, falando, disse-lhe: Que queres que te faça? E o cego lhe disse: Mestre, que eu tenha vista. E Jesus lhe disse: Vai, a tua fé te salvou. E logo viu, e seguiu a Jesus pelo caminho."

De acordo com a Lei, um cego não poderia servir a Deus (Levítico 21.17,18). Na época de Jesus, o povo acreditava que a cegueira era consequência de pecados. Esse pensamento não apenas privava o cego da graça e da misericórdia de Deus, como também o excluía do convívio social.

Bartimeu, filho de Timeu, era um mendigo conhecido na região em que esmolava devido à sua deficiência.

Flávio Josefo afirma que Timeu era um general que serviu a Israel em Betel. Ao aposentar-se, tornou-se um comerciante próspero. Entretanto, com a chegada dos romanos, seus bens foram confiscados e o soldo de sua aposentadora foi cortado. Timeu passou de homem bem-sucedido a perseguido. Com sua formação militar, passou a organizar movimentos revoltosos, na tentativa de enfraquecer e desestabilizar o governo romano naquela região. Era tido pelos militares romanos como perigoso, e foi crucificado - naquele tempo, a crucificação era uma prática comum. Outra prática comum era matar ou mutilar os filhos homens, afim de que não se tornassem homens, afim de aos seus pais ou, ainda, buscassem vingança. Após a morte de seu pai, Bartimeu teve os olhos arrancados, para que servisse de exemplo aos demais.

É interessante ressaltar que as únicas coisas que Bartimeu tinha eram uma capa surrada e um amigo, também cego. Analisando a vida de Bartimeu, compreendemos rapidamente que tudo o que herdamos de nossos ancestrais nos pode ser roubado, mas que a herança espiritual que recebemos através do sacrifício do Senhor Jesus é eterna.

"E, se nós somos filhos, somos logo herdeiros também, herdeiros de Deus, e co-herdeiros de Cristo: se é certo que com ele padecemos, para que também com ele sejamos glorificados."

(Romanos 8.17)

A herança que recebemos pode causar-nos sérias sequelas, como vimos a respeito da vida de Canaã no primeiro capítulo. Algumas consequências permanecem até que haja o entendimento de que o sangue de Jesus é poderoso para transformar toda e qualquer situação. Reserve um tempo para meditar sobre o que a Bíblia nos ensina a respeito do sangue de Jesus nos versículos a seguir: Mt 26.28; At 20.28; Rm 3.25, 5.9; Ef 1.7, 2.13; Cl 1.20; Hb 9.14,22, 10.19, 13.12; 1 Pe 1.2; 1 Jo 1.7; Ap 1.5, 5.9, 12.11, 19.13.

Assim como na história de Bartimeu, Satanás quer tornar-nos deficientes para que sejamos infrutíferos na obra do Senhor, descarregando nossas frustrações naqueles que estão ao nosso redor em vez de derramarmos sobre eles o amor e a misericórdia de Deus. Acabamos influenciando-os negativamente em vez de impactá-los por sermos cheios do Espírito Santo. Deus nos deu a capacidade de influenciar aqueles que estão à nossa volta através da sua unção derramada sobre nós, seja no âmbito familiar, no meio social ou no ambiente de trabalho. Mas Satanás quer que, através de nosso testemunho de vida secular, sejamos seus instrumentos para influenciar negativamente as pessoas, de maneira que se afastem de Deus. A Bíblia nos adverte:

"Porque tenho para mim, que Deus a nós, apóstolos, nos pôs por últimos, como condenados à morte; pois somos feitos espetáculo ao mundo, tanto a anjos como a homens."

(1 Coríntios 4.9)

Gostaria que você se perguntasse: de que maneira tenho marcado as pessoas que passam pela minha vida? Com as marcas de Cristo ou com feridas e enfermidades?

Bartimeu influenciou outro cego positivamente. E você, tem influenciado aqueles que estão à sua volta? O Senhor tem nos dado a graça de sermos referencial para muitos. Gostaria que você parasse por um minuto e refletisse a respeito de que tipo de referencial ou influenciador você tem sido, e se a sua vida tem glorificado e honrado a Deus. A palavra "honrar" significa respeitar, estimar. A Palavra do Senhor fala da importância de honrarmos a Deus: *"Portanto, diz o Senhor Deus de Israel: Na verdade tinha falado eu que a tua casa e a casa de teu pai andariam diante de mim perpetuamente; porém agora diz o Senhor: Longe de mim tal coisa, porque aos que me honram honrarei, porém os que me desprezam serão desprezados"* (1 Samuel 2.30).

Satanás quer nos transformar em pessoas que se sentem incapazes, inseguras e imaturas. Quer que sejamos pessoas cheias de raízes de amargura e capazes de duvidar do amor de Deus e da graça que alcançamos através do sacrifício de Jesus. O que nosso adversário deseja é impossibilitar-nos de alcançar vitória, se possível em todas as áreas de nossas vidas: sentimental, financeira, no relacionamento com Deus, em nosso ministério ou no relacionamento com nossos filhos, levando-nos assim a uma vida amarga, solitária e frustrada.

A herança que Deus nos entregou, como já vimos, é eterna. Fomos comprados a preço de sangue, e sangue de Cruz:

"Porque fostes comprados por bom preço; glorificai, pois, a Deus no vosso corpo, e no vosso espírito, os quais pertencem a Deus."
(1 Coríntios 6.20)

Satanás sabe que faremos obras ainda maiores que as de Jesus. O primogênito tinha direito a receber porção dobrada do patrimônio e bênção especial de seu pai, e nós já recebemos esta herança:

"Na verdade, na verdade vos digo que aquele que crê em mim também fará as obras que eu faço, e as fará maiores do que estas, porque eu vou para meu Pai" (João 14.12).

Bartimeu não se revoltou com sua situação, embora tivesse todos os motivos. Ele aprendeu com os erros do pai, que quis vencer o Império Romano sozinho, independentemente de Deus, e terminou sacrificado por isso. Ele entendeu que escolhas geram consequências para toda a família e que a maneira de lidar com as adversidades tem implicações futuras, seja para o bem ou para o mal. Bartimeu compreendeu que precisava esperar o tempo de Deus e aprender a militar nas regiões celestiais com as armas adequadas - não carnais, mas poderosas em Deus: *"Porque não temos que lutar contra a carne e o sangue, mas, sim, contra os principados, contra as potestades, contra os príncipes das trevas deste século, contra as hostes espirituais da maldade, nos lugares celestiais"* (Efésios 6.12).

Ele não murmurava, como muitos de nós fazemos quando as coisas não acontecem exatamente como desejam. Se mendigar era a única forma de sustentar sua família, ele o fazia regularmente e com eficiência, e não apenas quando sobrava tempo, o que significa que era disciplinado.

Costumo citar um exemplo que observamos no reino animal: quando um grupo de leoas vai à caça, primeiro precisam conhecer o território. Todas as leoas posicionam-se a favor do vento, de maneira a serem farejadas por outros animais, que passam a evitar aquele lado. Apenas uma posiciona-se contra o vento. Neste momento, é necessário que estejam atentas à manada, de modo que saibam se estão todas bem posicionadas. As leoas que se posicionaram a favor do vento correm em direção à manada, que parte em retirada na direção oposta, aproximando-se da leoa que ficou de tocaia contra o vento. Quando a predadora consegue isolar um indivíduo, ela o derruba com suas garras, corpo e patas, e imediatamente morde garganta da presa, de modo a asfixiá-la.

O que quero dizer com o exemplo das leoas é que, juntos como corpo de Cristo, nós somos fortes. Mas, quando tomamos a decisão de nos isolar do corpo, nos tornamos presa fácil para o adversário. Podemos observar que Bartimeu não se isolou. Quem tem problemas tem a tendência de se isolar, e o isolamento traz autocomiseração e depressão. Se somos fortes como corpo, nossa vitória sempre estará na cruz, e exerceremos nossa fé e perseverança, porque esse é o padrão bíblico.

Vejamos o exemplo de alguns homens de Deus:

Daniel se viu em perigo e chamou Sadraque, Mesaque e Abednego: *"Então Daniel foi para a sua casa, e fez saber o caso a Hananias, Misael e Azarias, seus companheiros; para que pedissem misericórdia ao Deus do céu, sobre este mistério, a fim de que Daniel e seus companheiros não perecessem, juntamente com o restante dos sábios da Babilônia"* (Daniel 2.17-18).

Quando Paulo e Silas clamaram e adoraram juntos, os alicerces da prisão foram abalados, e todas as portas se abriram: *"E, perto da meia-noite, Paulo e Silas oravam e cantavam hinos a Deus, e os outros presos os escutavam"* (Atos 16.25).

Quando estava em tristeza profunda, Jesus não se isolou, mas chamou os discípulos: *"Disse-lhes então: 'A minha alma está profundamente triste, numa tristeza mortal. Fiquem aqui e vigiem comigo'"* (Mateus 26.38). Humanamente, era impossível solucionar a situação de Bartimeu; ele era cego porque tivera os glóbulos oculares arrancados. Entretanto, ele não se preocupou se o próprio caso era mais difícil que o do amigo, que era cego, mas ainda tinha os glóbulos oculares. Ele era um homem determinado a mudar sua condição. Pense: *"Porque para Deus nada é impossível"* (Lucas 1.37).

Ele aparentemente era um homem informado. Mas o que ele conhecia eram apenas vozes e, naquele tempo, provavelmente ouvia palavras de afronta devido à sua condição. Talvez ouvisse coisas como: "Bem feito, quem mandou ser filho de Timeu, quem mandou seu pai afrontar o Império". Não temos conhecimento disso, mas sabemos que pessoas com deficiência eram inservíveis e excluídas.

Gostaria que você parasse por um instante e se perguntasse que vozes tem ouvido, ou a que vozes tem escolhido dar ouvidos. Lembre-se: *"Não havendo sábios conselhos, o povo cai, mas na multidão de conselhos há segurança"* (Provérbios 11.14).

Bartimeu ouviu que Jesus de Nazaré estava próximo e imediatamente reconheceu que Ele era o Verbo, a Palavra, o filho do próprio Deus. Logo identificou sua chance, em vez de analisar as dificuldades.

"E, ouvindo que era Jesus de Nazaré, começou a clamar e a dizer: Jesus, Filho de Davi, tem misericórdia de mim! E muitos o repreendiam, para que se calasse; mas ele clamava cada vez mais: Filho de Davi, tem misericórdia de mim!"

(Marcos 10.47-48)

Aqueles que o repreenderam estavam incomodados com o barulho, assim como muitos se incomodam com o poder de resiliência que o Senhor tem dado a você, apesar de todas as circunstâncias.

Ouvindo o clamor, Jesus mandou que Bartimeu se aproximasse. Contudo, sua primeira atitude antes de caminhar até Jesus foi deixar a capa que lhe havia sido imposta. Quero convidá-lo a ser marcado pelo inconformismo e a abandonar a capa que lhe foi imposta. Eu não sei qual é essa capa, mas tenho certeza de que, a essa altura, você já descobriu. Talvez seja a capa da cegueira espiritual, a capa da revolta por tudo que você viveu até aqui, a capa da autopiedade ou, quem sabe, a capa da exclusão social, capa da maldição hereditária.

Gostaria de fazer um adendo sobre maldição hereditária. Acredito na maldição hereditária antes de um indivíduo conhecer Jesus, porque entendo que o inimigo de nossas almas adquire o direito de atuar ao longo das gerações por conta dos pactos e alianças feitos com ele. No entanto, depois que uma pessoa conhece Jesus, acredito em comportamento repetitivo que será abandonado à medida que o indivíduo entender de que forma as marcas que recebeu ao longo da vida o influenciaram. Esse entendimento o fará compreender o porquê de determinado comportamento. Quando o indivíduo consegue entender esse processo, ele simplesmente vence, e é capaz de abandonar tal comportamento. Por exemplo, uma criança que cresceu num ambiente de abuso emocional é suscetível a entrar em relacionamentos abusivos quando se torna adulta, mas, quando entende esse processo, tem condições de buscar estratégias em Deus para romper este ciclo.

Talvez você precise abandonar a capa da rebeldia, a capa da falência financeira, a capa da rebelião - você, que não consegue se sujeitar a uma autoridade espiritual, ao seu marido ou, quem sabe, ao seu chefe. Talvez você esteja acorrentado à capa do abuso físico, psicológico e espiritual, ou talvez esteja ligado à capa da falta de perdão. Peça ao Espírito Santo para ajudá-lo a descobrir qual é a capa ou quais são as capas que você precisa abandonar para seguir Jesus.

Gostaria de convidá-lo hoje a ser marcado pelo inconformismo, para que nunca mais se resigne às situações adversas que se apresentarem na sua vida e para que, a partir de hoje, você lute em oração e seja liberto do peso que essa capa lhe impôs por tanto tempo.

"Orai sem cessar."
(1 Tessalonicenses 5.17)

"Busquei ao Senhor, e ele me respondeu; livrou-me de todos os meus temores. Olharam para ele, e foram iluminados; e os seus rostos não ficaram confundidos. Clamou este pobre, e o Senhor o ouviu, e o salvou de todas as suas angústias."
(Salmo 34.4-6)

ORAÇÃO

Senhor, em nome de Jesus, decido hoje abandonar esta capa (diga o nome da capa ou das capas) que me foi imposta e que eu tenho carregado por tanto tempo. Ajuda-me, Senhor, a caminhar livre desse peso que me aprisionava, livre dessa cegueira que por tanto tempo impediu que eu enxergasse o que me afligia, aprisionava e roubava. Repreende isso da minha vida hoje e troca as minhas vestes, de maneira que eu consiga caminhar contigo em liberdade. Jesus, filho de Davi, tem misericórdia de mim. Desde já te agradeço, em nome do Pai, do Filho e do Espírito Santo de Deus.

Capítulo 5

A CAPA DA DESOBEDIÊNCIA

A CAPA DE SAMUEL

"E virando-se Samuel para se ir, ele lhe pegou pela orla da capa, e a rasgou."

Primeiro vamos conhecer um pouco do profeta Samuel, filho de Elcana e Ana, que era estéril e recebeu, através de Eli, a promessa de que teria um filho.

"Então respondeu Eli: Vai em paz; e o Deus de Israel te conceda a petição que lhe fizeste."
(1 Samuel 1.17)

O nome "Samuel" significa "seu nome é Deus". Samuel sempre honrou esse significado, lembrando o povo de Israel de seus pecados e trazendo-lhe à memória a bondade de Deus. Ele foi o elo entre a época de Moisés e Josué e a época de Davi e Salomão. Também é mencionado na galeria dos heróis da fé no Novo Testamento, em Hebreus 11.32: *"E que mais direi? Faltar-me-ia o tempo contando de Gideão, e de Baraque, e de Sansão, e de Jefté, e de Davi, e de Samuel, e dos profetas(...)".*

Samuel foi chamado por Deus num período em que Israel se encontrava em crise e serviu ao povo como juiz, sacerdote e profeta. Foi o último juiz, conforme Atos 13.20: *"E, depois disto, por quase quatrocentos e cinquenta anos, lhes deu juízes, até ao profeta Samuel".*

Mais uma vez, foi elo entre o tempo dos juízes e dos reis. Sua linhagem espiritual, segundo Paul Gardner (no livro Quem é Quem na Bíblia Sagrada, da editora Vida Acadêmica), está vinculada a Josué, Moisés e Abraão.

O juiz Samuel foi fiel. Unificou as tribos e obteve vitória contra os filisteus, de acordo com 1 Samuel 7.13-17: *"Assim os filisteus foram abatidos, e nunca mais vieram aos termos de Israel, porquanto foi a mão do Senhor contra os filisteus todos os dias de Samuel. E as cidades que os filisteus tinham tomado a Israel foram-lhe restituídas, desde Ecrom até Gate, e até os seus termos Israel arrebatou da mão dos filisteus; e houve paz entre Israel e entre os amorreus. E Samuel julgou a Israel todos os dias da sua vida. E ia de ano em ano, e rodeava a Betel, e a Gilgal, e a Mizpá, e julgava a Israel em todos aqueles lugares. Porém voltava a Ramá, porque estava ali a sua casa, e ali julgava a Israel; e edificou ali um altar ao Senhor".*

Israel viveu um período de descanso enquanto durou o ministério de Samuel. A exemplo de Moisés, ele tratava de questões que estivessem acima da alçada dos líderes locais.

Como seus filhos Joel e Abias eram ímpios e perverteram o direito (1 Samuel 8.1-3), o povo reuniu-se para dar um novo rumo a Israel e pedir um rei a Deus (1 Samuel 8.4-6).

"E sucedeu que, tendo Samuel envelhecido, constituiu a seus filhos por juízes sobre Israel. E o nome do seu filho primogênito era Joel, e o nome do seu segundo, Abia; e foram juízes em Berseba. Porém seus filhos não andaram pelos caminhos dele, antes se inclinaram à avareza, e aceitaram suborno, e perverteram o direito. Então todos os anciãos de Israel se congregaram, e vieram a Samuel, a Ramá, e disseram-lhe: Eis que já estás velho, e teus filhos não andam pelos teus caminhos; constitui-nos, pois, agora um rei sobre nós, para que ele nos julgue, como o têm todas as nações. Porém esta palavra pareceu mal aos olhos de Samuel, quando disseram: Dá-nos um rei, para que nos julgue. E Samuel orou ao Senhor."

(1 Samuel 8.1-6)

Considerado o primeiro profeta (Atos 3.24), foi chamado para ser mensageiro (1 Samuel 3.1-14), tendo recebido o espírito de Moisés (Jeremias 15.1).

"Sim, e todos os profetas, desde Samuel, todos quantos depois falaram, também predisseram estes dias."

(Atos 3.24)

"E o jovem Samuel servia ao SENHOR perante Eli; e a palavra do SENHOR era de muita valia naqueles dias; não havia visão manifesta. E sucedeu, naquele dia, que, estando Eli deitado no seu lugar (e os seus olhos começavam a escurecer, pois não podia ver), e estando também Samuel já deitado, antes que a lâmpada de Deus se apagasse no templo do Senhor, onde estava a arca de Deus, o Senhor chamou a Samuel, e disse ele: Eis-me aqui. E correu a Eli, e disse: Eis-me aqui, porque tu me chamaste. Mas ele disse: Não te chamei eu, torna a deitar-te. E foi e se deitou. E o Senhor tornou a chamar outra vez a Samuel, e Samuel se levantou, e foi a Eli, e disse: Eis-me aqui, porque tu me chamaste. Mas ele disse: Não te chamei eu, filho meu, torna a deitar-te. Porém Samuel ainda não conhecia ao Senhor, e ainda não lhe tinha sido manifestada a palavra do Senhor. O Senhor, pois, tornou a chamar a Samuel terceira vez, e ele se levantou, e foi a Eli, e disse: Eis-me aqui, porque tu me chamaste. Então entendeu Eli que o Senhor chamava o jovem. Por isso Eli disse a Samuel: Vai deitar-te e há de ser que, se te chamar, dirás: Fala, Senhor, porque o teu servo ouve. Então Samuel foi e se deitou no seu lugar. Então veio o Senhor, e pôs-se ali, e chamou como das outras vezes: Samuel, Samuel. E disse Samuel: Fala, porque o teu servo ouve. E disse o Senhor a Samuel: Eis que vou fazer uma coisa em Israel, a qual todo o que ouvir lhe tinirão ambos os ouvidos. Naquele mesmo dia suscitarei contra Eli tudo quanto tenho falado contra a sua casa, começarei e acabarei. Porque eu já lhe fiz saber que julgarei a sua casa para sempre, pela iniquidade que ele bem conhecia, porque, fazendo-se os seus filhos execráveis, não os repreendeu. Portanto, jurei à casa de Eli que nunca jamais será expiada a sua iniquidade, nem com sacrifício, nem com oferta de alimentos."

(1 Samuel 3.1-14)

"Disse-me, porém, o SENHOR: Ainda que Moisés e Samuel se pusessem diante de mim, não estaria a minha alma com este povo; lança-os de diante da minha face, e saiam."
(Jeremias 15.1)

Todas as tribos ouviram falar dele. Era servo e, através de seu ministério, Deus falou a seu povo individualmente (1 Samuel 9.6), mas também coletivamente (1 Samuel 7.2-4; 8.1-22). O povo reconheceu que ele havia sido chamado pelo Senhor: *"E todo o Israel, desde Dã até Berseba, conheceu que Samuel estava confirmado por profeta do Senhor."* (1 Samuel 3.20).

O sacerdote Samuel não era descendente de Arão, mas serviu como sacerdote ao término da dinastia de Eli. A exemplo de Moisés, orou pelo povo e ofereceu sacrifícios em seu favor (1 Samuel 7), obtendo, assim, vitória sobre os filisteus.

"E os homens de Israel saíram de Mizpá; e perseguiram os filisteus, e os feriram até abaixo de Bete-Car. Então tomou Samuel uma pedra, e a pôs entre Mizpá e Sem, e chamou-lhe Ebenézer; e disse: Até aqui nos ajudou o SENHOR. Assim os filisteus foram abatidos, e nunca mais vieram aos termos de Israel, porquanto foi a mão do SENHOR contra os filisteus todos os dias de Samuel."
(1 Samuel 7.11-13)

É importante dizer que Samuel jamais se contaminou com os exemplos dos filhos de Eli, Hofni e Finéias. Antes, escolheu permanecer firme em seu amor pelo Senhor.

O Samuel profeta, considerado o primeiro profeta depois de Moisés e, para alguns, um dos mais notáveis desde então, foi usado pelo Senhor para falar ao povo, tendo recebido seu espírito (Atos 3.24; 13.20). Foi reconhecido como profeta enviado por Deus a todo o povo de Israel.

Samuel foi o responsável por anunciar a Saul que ele havia sido rejeitado pelo Senhor, em 1 Samuel 15:16-28, e por ungir Davi como o novo rei de Israel, o que pode ser considerado seu último ato oficial. Ungiu Davi, mas não o viu tornar-se rei. Sua morte foi pranteada entre o povo. Samuel é mencionado na galeria dos heróis da fé em Hebreus 11.32, tal a sua importância.

Neste capítulo tratamos de obediência, e não poderíamos deixar de falar sobre aliança. Mas o que é aliança? No sentido bíblico da palavra, aliança representa um pacto entre Deus e os homens, bem como o nosso relacionamento com Deus. Ainda que a primeira vez em que a palavra aliança tenha aparecido na Bíblia refira-se à aliança com Noé (Gn 9.17), está implícita a aliança de Deus com Adão e com Abraão (Gn 17.7). Mas as duas alianças mais importantes foram firmadas por Deus com Moisés (em Êxodo 19.3-6, aliança que é chamada de Velha Aliança e trata de obediência às leis de Deus) e com Jesus (descrita em Mateus 26.26-28, chamada Nova Aliança ou Aliança da Graça, fundamentada no favor imerecido). A própria Bíblia distingue as duas alianças em João 1.17.

"E subiu Moisés a Deus, e o Senhor o chamou do monte, dizendo: Assim falarás à casa de Jacó e anunciarás aos filhos de Israel: Vós tendes visto o que fiz aos egípcios, como vos levei sobre asas de águias, e vos trouxe a mim; agora, pois, se diligentemente ouvirdes

a minha voz e guardardes o meu concerto, então, sereis a minha propriedade peculiar dentre todos os povos; porque toda a terra é minha. E vós me sereis reino sacerdotal e povo santo. Estas são as palavras que falarás aos filhos de Israel."

(Êxodo 19.3-6)

"Enquanto comiam, Jesus tomou o pão, deu graças, partiu-o e o deu aos seus discípulos, dizendo: 'Tomem e comam; isto é o meu corpo'. Em seguida tomou o cálice, deu graças e o ofereceu aos discípulos, dizendo: 'Bebam dele todos vocês. Isto é o meu sangue da aliança, que é derramado em favor de muitos, para perdão de pecados'."

(Mateus 26.26-28)

"Porque a lei foi dada por Moisés; a graça e a verdade vieram por Jesus Cristo."

(João 1.17)

A aliança é um pacto de sangue. Na Velha Aliança, era necessário oferecer sacrifício de sangue para perdão dos pecados. Já na Nova Aliança, o próprio Deus entregou o seu único filho como sacrifício perfeito por nossos pecados. Passamos a ter o direito de sermos feitos filhos, coerdeiros com Cristo.

Uma aliança é representada simbolicamente por um círculo que não tem emendas, início ou fim. Nosso relacionamento com Deus deve ser da mesma forma: devemos relacionar-nos com Ele até que não sejamos nós, mas Deus em nós.

Agora que já entendemos a aliança e observamos a vida e conduta do profeta Samuel, passemos a analisar a vida de Saul, filho de Quis, pai de Jônatas, Mical, Isboset, Merabe, Abinadab, Malchishua e Armoni, avô de Mefibosete. Foi o primeiro rei de Israel. Sua história é descrita em 1 Samuel, nos capítulos 9 a 31. É descrito como varão alto e bonito (1 Samuel 9.2), e seu nome significa "pediu, solicitou, orou por".

A primeira desobediência de Saul é narrada em 1 Samuel 13.8-14. Seu destemor e sua falta de confiança no Senhor o levaram a exercer uma função para a qual Deus não o havia designado.

"E esperou Saul sete dias, até ao tempo que Samuel determinara; não vindo, porém, Samuel a Gilgal, o povo se dispersava dele. Então disse Saul: Trazei-me aqui um holocausto, e ofertas pacíficas. E ofereceu o holocausto. E sucedeu que, acabando ele de oferecer o holocausto, eis que Samuel chegou; e Saul lhe saiu ao encontro, para o saudar. Então disse Samuel: Que fizeste? Disse Saul: Porquanto via que o povo se espalhava de mim, e tu não vinhas nos dias aprazados, e os filisteus já se tinham ajuntado em Micmás, eu disse: Agora descerão os filisteus sobre mim a Gilgal, e ainda à face do Senhor não orei; e constrangi-me, e ofereci holocausto. Então disse Samuel a Saul: Procedeste nesciamente, e não guardaste o mandamento que o Senhor teu Deus te ordenou; porque agora o Senhor teria confirmado o teu reino sobre Israel para sempre; porém agora não subsistirá o teu reino; já tem buscado o Senhor para si um homem segundo o seu coração, e já lhe tem ordenado o Senhor, que seja capitão sobre o seu povo, porquanto não guardaste o que o Senhor te ordenou."

(1 Samuel 13.8-14)

O grande erro de Saul nesse episódio foi olhar para as circunstâncias e deixar que lhe roubassem a confiança no Senhor. Ele havia recebido um direcionamento de Deus, mas, em vez de obedecer, achou que tinha uma solução melhor. Seu erro mostra que ele não estava predisposto a se submeter às ordens de Deus. Revelou sua natureza desobediente e insubmissa, que lhe custou um alto preço e marcou o início do fim do primeiro reinado de Israel. A Bíblia adverte que devemos ser totalmente dependentes de Deus e que nossas atitudes independentes nos causam dano.

Gostaria de abrir um parêntese para falar especificamente à respeito do medo. Há dois tipos de medo: o medo bom, que nos dá um senso de autoproteção, e o medo mau, vulgo pavor, que extrapola o limite de normalidade e nos paralisa, privando-nos, ainda que momentaneamente, da capacidade de raciocínio. O inimigo das nossas almas sabe disso. Em 1 João 4.18, a Palavra afirma que o verdadeiro amor lança fora o medo. Quando permitimos que o medo entre em nossos corações, além de ficarmos paralisados, tendemos a reagir em desacordo com os ensinamentos de Deus.

Vou dar um exemplo muito simples do motivo de estar falando sobre o medo. Quando você deixa de entregar o dízimo porque teme que lhe falte algo para fechar a conta, está duvidando da capacidade de Deus suprir todas as suas necessidades. Indiretamente, você está duvidando de que Ele seja o seu Jeová Jireh (Gênesis 22.14). Sabemos que Deus só trabalha com os princípios estabelecidos por Ele. A cada vez que transgredimos algum desses princípios, somos roubados em alguma área de nossas vidas. No caso específico do dízimo, perdemos a bênção da multiplicação de nossas finanças, prometida em Malaquias 3.8-10. Tenho certeza de que, se você for um dizimista e ofertante fiel, reparará que a conta nunca fechará segundo a matemática humana. Na matemática do céu, você viverá a regra de que os recursos são multiplicados de modo a suprir todas as suas necessidades.

Mesmo depois de ter sido repreendido pelo profeta Samuel, Saul não reconheceu seu erro. Pelo contrário, resolveu arranjar desculpas que justificassem sua conduta e, como diz o Apóstolo Luiz Hermínio, "quem é bom em desculpa é ruim de arrependimento".

"Então disse Samuel: Que fizeste? Disse Saul: Porquanto via que o povo se espalhava de mim, e tu não vinhas nos dias aprazados, e os filisteus já se tinham ajuntado em Micmás, eu disse: Agora descerão os filisteus sobre mim a Gilgal, e ainda à face do Senhor não orei; e constrangi-me, e ofereci holocausto."
(1 Samuel 13.11)

O versículo mais marcante da caminhada de Saul está em 1 Samuel 15.22. Infelizmente, a caminhada de Saul fica caracterizada pela desobediência.

"Porém Samuel disse: Tem, porventura, o SENHOR tanto prazer em holocaustos e sacrifícios como em que se obedeça à palavra do SENHOR? Eis que o obedecer é melhor do que o sacrificar; e o atender melhor é do que a gordura de carneiros."
(1 Samuel 15.22)

O versículo acima é muito impactante. Precisamos entender, de uma vez por todas, que a desobediência a Deus e à Sua Palavra nos traz sofrimento e severas consequências. Faz-se importante entender que obediência parcial a Deus também é desobediência. Saul achou que poderia ludibriar o profeta, alegando que havia obedecido a Deus em parte. Por conseguinte, colheu frutos amargos, frutos de rejeição e desaprovação.

Em toda a Bíblia podemos observar que Deus nos chama à obediência. Dito isso, observe os versículos abaixo:

"Não se aparte da tua boca o livro desta lei; antes medita nele dia e noite, para que tenhas cuidado de fazer conforme a tudo quanto nele está escrito; porque então farás prosperar o teu caminho, e serás bem sucedido." (Josué 1.8)

"O que hoje lhes estou ordenando não é difícil fazer, nem está além do seu alcance. Não está lá em cima no céu, de modo que vocês tenham que perguntar: 'Quem subirá ao céu para consegui-lo e vir proclamá-lo a nós a fim de que lhe obedeçamos?' Nem está além do mar, de modo que vocês tenham que perguntar: 'Quem atravessará o mar para consegui-lo e, voltando, proclamá-lo a nós a fim de que lhe obedeçamos?' Nada disso. A palavra está bem próxima de vocês; está em sua boca e em seu coração; por isso vocês poderão obedecer-lhe."
(Deuteronômio 30.11-14)

"Devolve-me a alegria da tua salvação e sustenta-me com um espírito pronto a obedecer."
(Salmo 51.12)

"Se me amais, guardai os meus mandamentos."
(João 14.15)

"Nem todo o que me diz: Senhor, Senhor! entrará no reino dos céus, mas aquele que faz a vontade de meu Pai, que está nos céus."
(Mateus 7.21)

"E sede cumpridores da palavra e não somente ouvintes, enganando-vos a vós mesmos."
(Tiago 1.22)

Separe um tempo e medite sobre nestes outros versículos que falam sobre a obediência a Deus e à Palavra e sua recompensa: Js 1.8; 1 Sm 15.22; Sl 19.9-11; Sl 119.101; Ez 18.21; Mt 28.19-20; Jo 8.51; At 5.29; Rm 6:16-17; Ef 6.1-4; Ef 6.5; Tt 3.1; 1 Jo 5.2-4.

Todos sabemos que o inimigo não pode nos tocar. Essa promessa é feita em 1 Jo 5.18: *"Sabemos que todo aquele que é nascido de Deus não peca; mas o que de Deus é gerado conserva-se a si mesmo, e o maligno não lhe toca"*.

Podemos observar que esse versículo condiciona a proteção ao pecado ou à ausência dele. Nós, que somos nascidos de novo, estamos debaixo do esconderijo do Altíssimo, descansando à sombra do Onipotente. Ao estudar o Salmo 91, percebemos que a promessa dirige-se a nós, crentes em Cristo Jesus. Estamos guardados em uma fortaleza intransponível. Se o maligno não pode penetrar nessa fortaleza, a única maneira que ele tem de nos tocar certamente será atraindo-nos para fora dela. Mas de que maneira ele nos faz sair? Através da desobediência à Palavra de Deus, através do pecado.

A Bíblia é um manual de condutas e regras para que possamos viver bem. A parte b de João 10.10 afirma que Jesus veio para que tenhamos vida, e a tenhamos em abundância. O que o inimigo quer é mostrar-nos uma ideia deturpada da Palavra de Deus, fazendo-nos vê-la como uma maneira que Deus encontrou de nos privar de felicidade, prazer, diversão, prosperidade, entre outros; levando-nos a uma vida de insatisfação, ingratidão, infelicidade e, claro, desobediência a Deus. O que precisamos entender é que a estratégia do inimigo não mudou. Ele já havia usado a mesma tática com Eva no Jardim do Éden. Sempre que escolhemos deliberadamente desobedecer à Palavra de Deus, somos roubados. Precisamos ter consciência de que a semeadura é opcional, mas a colheita é obrigatória. Deus está sempre pronto a nos perdoar, mas nunca disse que retiraria as consequências dos nossos erros - essa parte é nossa. Quando Saul rasgou a capa do profeta Samuel, numa atitude desprovida de domínio próprio, ele mais uma vez revelou sua natureza rebelde, demonstrando sua inaptidão para governar Israel.

Sua atitude demonstra que ele novamente procurou culpados para justificar sua conduta. Ele sentiu remorso, mas não arrependimento, uma vez que suas desculpas não são compatíveis com frutos de arrependimento. O arrependimento produz mudança de atitude, e Saul era reincidente no quesito desobediência.

Se você, assim como Saul, tem levado uma vida de desobediência ao Senhor, ou de obediência parcial, quero convidá-lo a orarmos juntos, pedindo ao Senhor que não só o perdoe, mas que também o leve ao verdadeiro arrependimento, para que você passe a caminhar em santidade e obediência a Deus.

ORAÇÃO

Senhor, em nome de Teu filho amado, Jesus, eu quero pedir perdão por toda a desobediência que tenho praticado. Quero reconhecer meus erros diante de ti (se você está num processo de reincidência de uma desobediência específica, diga qual é agora) e quero pedir perdão por todas as vezes em que, em vez de me arrepender, eu procurei culpados para justificar minha conduta. Quero pedir perdão por todas as vezes em que pedi perdão por remorso, mas continuei reincidindo nos mesmos comportamentos. Perdão, Deus. Libera minha vida no mundo espiritual. Ajude-me, Espirito Santo de Deus, a não sair debaixo do esconderijo do Altíssimo. Não permita que eu leve uma vida de engano. Hoje declaro que não aceito mais, que rejeito todo espírito de desobediência em minha vida. Declaro que estou abandonando a capa da desobediência, declaro que sou obediente a Ti, à Sua Palavra e às autoridades constituídas por Ti sobre a minha vida. É o que eu te peço. Te agradeço, em nome de Jesus, Amém.

Parabéns, você chegou à metade desta jornada. Até aqui, você foi levado a refletir sobre a bagagem que tem carregado ao longo de sua vida e como ela tem influenciado seus relacionamentos familiares e interpessoais, seu ministério, sua comunhão com os membros da igreja, seu relacionamento com as autoridades que Deus constituiu sobre sua vida - sejam seus pais, seus pastores ou seu marido - e, principalmente, seu relacionamento com Deus.

A partir de agora, você será conduzido para uma caminhada de revestimento do poder e da autoridade que Deus já nos entregou através do sacrifício de Jesus. A partir de agora conheceremos a Sua Palavra e nos habilitaremos através dela.

Muitas vezes ouvimos falar desse poder e dessa autoridade sem saber exatamente o que significam ou como manejá-los. Não conhecemos nosso lugar no Reino de Deus. Embora este livro não tenha a pretensão de esgotar o assunto, espero sinceramente que ele aguce o interesse do leitor em conhecer e buscar a Deus com maior profundidade.

"Então conheçamos, e prossigamos em conhecer ao Senhor; a sua saída, como a alva, é certa; e ele a nós virá como a chuva, como chuva serôdia que rega a terra."

(Oséias 6.3)

Capítulo 6

A CAPA DESEJADA

A CAPA DE ELIAS

"Então Elias saiu de lá e encontrou Eliseu, filho de Safate. Ele estava arando com doze parelhas de bois, e estava conduzindo a décima-segunda parelha. Elias o alcançou e lançou a sua capa sobre ele."

A capa de Elias representa o poder e a autoridade de Deus.

Elias foi extremamente dedicado ao Senhor, fazendo jus, por assim dizer, a seu nome, que significa "o meu Deus é Jeová".

Ele foi usado por Deus através de seu ministério profético para levar o povo ao arrependimento num momento em que ele se encontrava em total apostasia.

Elias, assim como Jesus, veio de Gileade, uma região pouco desenvolvida. Mas todos sabemos que essa é a especialidade do nosso Deus: buscar seus servos em lugares improváveis. Não foi diferente com esse profeta.

Seu ministério foi solitário, mas ele permaneceu firme nos propósitos de Deus. Podemos usar Elias como referência do que a fidelidade e o compromisso com nosso chamado podem fazer em nossas vidas se perseverarmos até o fim.

Em seu ministério, Elias realizou sete grandes milagres, a saber:

1. Três anos e meio de seca por causa de sua palavra (1 Reis 17.1);

2. Multiplicação de azeite e farinha na panela da viúva de Zarefate (1 Reis 17.14-16);

3. Ressurreição do filho da viúva de Zarefate (1 Reis 17.17-24);

4. Descida de fogo do céu em resposta à sua oração (1 Reis 18.30-40);

5. Chuva após três anos e meio de seca, por causa de sua oração (1 Reis 18.41-45);

6. Descida de fogo do céu para matar os soldados que vinham prendê-lo (2 Reis 1.9-12);

7. Travessia em seco do rio Jordão (2 Reis 2.7-8).

Elias vivenciou fatos sobrenaturais: foi alimentado por corvos (1 Reis 17.3-6) e por um anjo, adquirindo força sobrenatural por 40 dias (1 Reis 19.5-8). Viu a manifestação divina quando estava na caverna (1 Reis 19.9-18) e, por fim, foi trasladado ao céu sem experimentar a morte física (2 Reis 2.11). E Eliseu, quem foi?

Um homem comum, cujo nome significa "meu Deus é salvação". Podemos dizer que ambos, Elias e Eliseu, estão no topo da lista que daria origem a uma linhagem de grandes profetas. Pode- se afirmar que Eliseu foi um dos notáveis de Deus.

Quando Elias jogou sua capa sobre Eliseu, ele o estava ungindo como profeta do Senhor. Tanto esse evento quanto a exaltação de Eliseu após a ascensão do mestre aos céus, num redemoinho, estão relacionados à capa de Elias (1 Reis 19.19).

Eliseu seria o sucessor de Elias, juntamente com os sete mil remanescentes que o Senhor havia garantido, dando início à sucessão profética.

Ele pertencia a uma família rica, com quem tinha um laço de amor e respeito (1 Reis 19.19-21). Eliseu amava seus pais e precisou fazer um sacrifício, abandonando sua família, sua posição social e seus privilégios para servir a um homem mais velho (1 Reis 19.21), por entender que seu chamado era maior. *"Então deixou ele os bois, e correu após Elias; e disse: Deixa-me beijar a meu pai e a minha mãe, e então te seguirei. E ele lhe disse: Vai, e volta; pois, que te fiz eu?"* (1 Reis 19.20).

Há também o caso de quando Eliseu pediu a porção dobrada: *"Sucedeu que, havendo eles passado, Elias disse a Eliseu: Pede-me o que queres que te faça, antes que seja tomado de ti. E disse Eliseu: Peço-te que haja porção dobrada de teu espírito sobre mim."* (2 Reis 2.9).

Ele não desejava ser maior que seu mestre; antes, seu desejo era ser reconhecido como sucessor de Elias. Eliseu queria o direito de primogenitura, que garantia ao filho mais velho o direito à porção dobrada.

"Mas ao filho da desprezada reconhecerá por primogênito, dando-lhe dobrada porção de tudo quanto tiver; porquanto aquele é o princípio da sua força, o direito da primogenitura é dele."
(Deuteronômio 21.17)

Em seu ministério, Eliseu realizou quatorze grandes milagres, o dobro do mestre Elias, confirmando sua porção dobrada:

1. A travessia em seco do rio Jordão (2 Reis 2.13-15);

2. A purificação das águas (2 Reis 2.19-22);

3. A morte dos que o insultavam (2 Reis 2.23-25);

4. A cheia das cisternas no deserto, sem que houvesse chuva (2 Reis 3.17-20);

5. A multiplicação do azeite na botija na casa da viúva de um dos filhos dos profetas (2 Reis 4.2-7);

6. A abertura do ventre da sunamita (2 Reis 4.14-17);

7. A ressurreição do filho da sunamita (2 Reis 4.23-37);

8. A eliminação da morte que havia na panela (2 Reis 4.38-41);

9. A multiplicação dos pães para alimentar cem homens (2 Reis 4.42-44);

10. A cura da lepra de Naamã (2 Reis 5.1-14);

11. A imposição da lepra de Naamã a Geazi (2 Reis 5.25-27);

12. A recuperação do machado que caíra na água (2 Reis 6.1-7);

13. A imposição de cegueira ao exército da Síria, levando-os até Samaria (2 Reis 6.18-19);

14. A ressurreição de um homem jogado sobre os ossos no sepulcro de Eliseu (2 Reis 13.21).

Gostaria de destacar algumas características de Eliseu:

– Era sábio e ousado, e poderia ter pedido qualquer coisa, mas escolheu pedir poder de Deus;

– Era humilde, uma pessoa comum, um lavrador, o último da fila;

– Era perseverante, pois Elias lhe pediu por três vezes que o deixasse, mas ele escolheu perseverar e seguir a Elias.

Quando Eliseu aceitou o chamado de Elias, imediatamente entendeu o que lhe havia acontecido, conforme vimos anteriormente em 1 Reis 19.20b. Ele não deixou um plano B ao qual pudesse retornar caso as coisas não dessem certo. Ele simplesmente tinha certeza de seu chamado e o seguiu. Observe, abaixo, o versículo 21: *"Voltou, pois, de o seguir, e tomou a junta de bois, e os matou, e com os aparelhos dos bois cozeu as carnes, e as deu ao povo, e comeram; então se levantou e seguiu a Elias, e o servia"* (1 Reis 19.21).

Assim como Eliseu, você tem sido convidado pelo Espírito Santo de Deus desde o início deste livro a abandonar o passado, e você tem respondido a isso, profeticamente e pela fé, através de cada oração e, especialmente, através do entendimento da Palavra de Deus. Está se despojando de todas as capas que o impediam de viver a plenitude de Deus, que o impediam de se ver como filho amado, herdeiro, sacerdócio real e propriedade exclusiva de Deus, de maneira que não haja retorno ao passado , mas renovo que vem de Deus.

Para que Eliseu recebesse a porção dobrada, foi provado quatro vezes em diferentes áreas, que passamos a analisar a seguir:

1. Gilgal

Gilgal vem do hebraico "galal", que significa "rolar embora". Podemos dizer que toda a desonra e afronta do Egito estavam sendo revolvidas.

Para entendermos melhor, Gilgal foi o lugar escolhido quando os nascidos durante os quarenta anos no deserto precisaram ser circuncidados (Deuteronômio 2.14). Acredita-se que a circuncisão no Egito era incompleta. Deixava o indivíduo apto à vida de homem, enquanto a circuncisão em Israel o tornava apto a relacionar-se com Deus. Em outras palavras, pode-se afirmar que a circuncisão é uma forma de identificar aqueles que pertencem a Deus (Gênesis 17.9-14), que, no episódio em Gilgal, eram os homens que permaneceram ali, no acampamento, até ficarem sãos. Ali, eles precisaram mortificar sua carne para sujeitar-se à vontade de Deus.

Gilgal também significa "lugar de remoção de pedras"; precisamos remover as pedras que nos impedem de avançar:

- Incredulidade;
- Impaciência;
- Conformismo;
- Desânimo;
- Falta de fé.

QUE PEDRA TEM IMPEDIDO VOCÊ DE AVANÇAR?

A maneira como lidamos com as pedras fará a diferença entre viver o sobrenatural de Deus ou continuar vivendo o natural. De que maneira você tem lidado com as pedras que obstruem seu caminho? Você fica parado diante delas, tenta carregá-las ou as usa para construir pontes que o ajudam a avançar? Se você tem parado diante dos obstáculos, quero dizer-lhe que você tem um amigo infalível para ajudá-lo e direcioná-lo: o precioso Espírito Santo de Deus.

2. Betel

Significa "casa de Deus, onde Deus habita".

Depois de tratar a carne, os homens precisavam ir ao lugar de oração, onde seriam revestidos de poder e autoridade de Deus. A habitação de Deus é o local em que nós nos fortalecemos, nos renovamos, nos reanimamos e somos restaurados.

Depois da grande crise em sua vida, Jacó sobiu a Betel, onde Deus lhe prometeu morada e descendência. Ali, ele foi restaurado (Gênesis 28.16), e o altar foi erguido (Gênesis 28.18).

"Acordando, pois, Jacó do seu sono, disse: Na verdade o Senhor está neste lugar; e eu não o sabia."

(Gênesis 28.16)

"Então levantou-se Jacó pela manhã de madrugada, e tomou a pedra que tinha posto por seu travesseiro, e a pôs por coluna, e derramou azeite em cima dela."

(Gênesis 28.18)

Se você chegou até aqui, peça ao Senhor que sua restauração seja completa até o final da leitura deste livro, para que você vivencie uma transformação de dentro para fora.

3. Jericó

Significa "lugar de fragrância, notável cidade"; era onde abundavam bálsamo, mel, cedro, rosas e outros produtos aromáticos, mas também era lugar de muralhas, resistências e ventos contrários.

As muralhas de Jericó só poderão ser derrubadas quando estivermos cheios do Espírito Santo de Deus. A terra é boa, muito boa, mas será conquistada por esforço, sob a direção de Deus e em obediência.

"Gritou, pois, o povo, tocando os sacerdotes as buzinas; e sucedeu que, ouvindo o povo o sonido da buzina, gritou o povo com grande brado; e o muro caiu abaixo, e o povo subiu à cidade, cada um em frente de si, e tomaram a cidade."
(Josué 6.20)

Em Efésios 6.10, o Apóstolo Paulo nos ensina a revestirmo-nos da armadura de Deus. Eu o convido hoje a orar esta palavra num ato profético, tomando posse de cada parte dessa armadura que o Senhor já disponibilizou.

"No demais, irmãos meus, fortalecei-vos no Senhor e na força do seu poder. Revesti-vos de toda a armadura de Deus, para que possais estar firmes contra as astutas ciladas do diabo. Porque não temos que lutar contra a carne e o sangue, mas, sim, contra os principados, contra as potestades, contra os príncipes das trevas deste século, contra as hostes espirituais da maldade, nos lugares

celestiais. Portanto, tomai toda a armadura de Deus, para que possais resistir no dia mau e, havendo feito tudo, ficar firmes. Estai, pois, firmes, tendo cingidos os vossos lombos com a verdade, e vestida a couraça da justiça; e calçados os pés na preparação do evangelho da paz; tomando sobretudo o escudo da fé, com o qual podereis apagar todos os dardos inflamados do maligno. Tomai também o capacete da salvação, e a espada do Espírito, que é a palavra de Deus; prando em todo o tempo com toda a oração e súplica no Espírito, e vigiando nisto com toda a perseverança e súplica por todos os santos."

(Efésios 6.10-18)

Observe que a referência do Apóstolo Paulo é a armadura do soldado romano, talvez por ter tido tempo de observá-la com olhos atentos ao ser vigiado por um soldado romano, durante a prisão domiciliar em Roma, ou simplesmente por ser cidadão romano e estar familiarizado com tal armadura.

É interessante observar a descrição de Efésios, que diz que a armadura do soldado romano protegia todas as partes do corpo, menos as costas. Neste momento, você deve estar se perguntando: por quê? A resposta é simples: já estava firmado em sua mente que ele não retrocederia. Avançaria na batalha para vencer ou morrer, mas jamais retrocederia.

Quero dizer-lhe que fomos chamados para sermos como o soldado romano, porque não retrocedemos; antes, avançamos, ainda que apenas um passo por vez. Cada passo que você der à frente será um passo que o inferno terá que recuar.

Se você chegou até aqui, é porque o Senhor o tem guiado para que seja fortalecido Nele e na força do Seu poder (Efésios 6.10). A cada capítulo lido você tem avançado um passo.

Deus não se agrada dos que retrocedem. Observe o que diz Lucas 9.62: *"Jesus respondeu: 'Ninguém que põe a mão no arado e olha para trás é apto para o Reino de Deus'"*. Portanto, prossiga.

4. Jordão

O Jordão significa "aquele que desce". É o lugar ao qual descemos para ouvir a voz de Deus. Foi no Jordão que Naamã foi curado, foi no Jordão que o próprio Jesus ouviu o Pai dizer *"Tu és meu filho amado, em quem me comprazo"* (Mateus 3.17).

Em 2 Reis 2.15, lemos que os discípulos dos profetas estavam observando Eliseu quando ele chegou ao Rio Jordão, que aparentemente era impossível atravessar. Muitas pessoas observam a sua vida, esperando para ver qual será o desfecho da situação que aparentemente é de impossível solução:

- Nas suas finanças;
- Na sua casa;
- No seu casamento;
- No seu ministério;
- Na enfermidade que você está enfrentando;
- Na sua família;
- Com os seus filhos.

Talvez você tenha se esquecido de que Deus é imutável, e hoje eu quero lhe dizer que, assim como na vida de Eliseu, cada uma das pessoas que o observam glorificarão o nome do Senhor ao ver o agir de Deus em você e através de você. Muitas dessas pessoas se renderão aos pés da cruz por causa da sua vida.

"De fato, eu, o SENHOR, não mudo. Por isso vocês, descendentes de Jacó, não foram destruídos."
(Malaquias 3.6)

Ele continua fazendo milagres. Ele ainda abre o rio Jordão.

"Então Elias tirou o manto, enrolou-o e com ele bateu nas águas. As águas se dividiram, e os dois atravessaram em chão seco."
(2 Reis 2.8)

Quem sabe você esteja olhando para as circunstâncias e buscando soluções humanas quando deveria buscar a resposta em Deus. É certo que não há nada impossível para Deus, em todas as Suas promessas. Tudo faz parte do plano que Ele traçou para sua vida.

1º - Você entrará em Gilgal e será circuncidado em seu espírito para viver um novo tempo de intimidade com Deus;

2º - Você entrará em Betel, casa de Deus, casa de oração, e sujeitará a Ele suas angústias, impossibilidades, incertezas, incapacidades, incredulidades, necessidades, seus sonhos e projetos;

3º - Você entrará em Jericó fortalecido e pronto a ouvir a voz do Senhor, que é como o som das muitas águas (Apocalipse 19.6). Você vencerá todas as barreiras com fé, posicionamento, perseverança e a certeza de que Deus está no controle de todas as coisas, até que a sua vitória seja materializada: *"Então ouvi algo semelhante ao som de uma grande multidão, como o estrondo de muitas águas e fortes trovões, que bradava: 'Aleluia! pois reina o Senhor, o nosso Deus, o Todo-poderoso'."*

4º - Você atravessará o Jordão e viverá os milagres que Deus tem preparado para você.

Lembre-se que Jordão significa "aquele que desce", então mergulhe fundo nessas águas e ouça.

"E saiu aquele homem para o oriente, tendo na mão um cordel de medir; e mediu mil côvados, e me fez passar pelas águas, águas que me davam pelos artelhos. E mediu mais mil côvados, e me fez passar pelas águas, águas que me davam pelos joelhos; e outra vez mediu mil, e me fez passar pelas águas que me davam pelos lombos. E mediu mais mil, e era um rio, que eu não podia atravessar, porque as águas eram profundas, águas que se deviam passar a nado, rio pelo qual não se podia passar. E disse-me: Viste isto, filho do homem? Então levou-me, e me fez voltar para a margem do rio."
(Ezequiel 47.3-6)

Elias tocou nas águas do Jordão com sua capa, que representa autoridade de Deus, e as águas se abriram. Comece hoje a manejar a autoridade de Deus que está sobre sua vida, para que as águas que parecem afogá-lo comecem a se abrir diante dos seus olhos e, assim como Eliseu, você também as atravesse em seco. Que a partir de hoje você comece a usar a Palavra em seu favor, abençoando todas as áreas de sua vida e entendendo o poder que há na palavra liberada por você.

"Do fruto da boca enche-se o estômago do homem; o produto dos lábios o satisfaz. A língua tem poder sobre a vida e sobre a morte; os que gostam de usá-la comerão do seu fruto." (Provérbios 18.20-21).

Do outro lado do Jordão, Elias é arrebatado e Eliseu recebe a porção dobrada. Eu profetizo que, do outro lado do Jordão, você receberá a capa da autoridade de Deus e viverá os sonhos de Deus para a sua vida.

ORAÇÃO

Senhor, em nome de Jesus eu tomo posse da capa de autoridade de Elias. Declaro que entendo que estou revestido desta autoridade e que hoje começa um novo tempo em minha vida. Ajude-me como você ajudou Eliseu a entender o que me aconteceu naquele dia em que tomei a decisão de rejeitar as coisas do mundo e entregar o controle da minha vida a Ti. Que a minha vida nunca mais seja a mesma depois de hoje e que eu aprenda definitivamente a caminhar contigo em fé, ousadia e autoridade. É o que eu peço, já agradecendo, em nome de Jesus.

Capítulo 7

A CAPA DOS LIVRAMENTOS

A CAPA DE PEDRO

"E disse-lhe o anjo: Cinge-te, e ata as tuas alparcas. E ele assim o fez. Disse-lhe mais: Lança às costas a tua capa, e segue-me."

A capa de Pedro, neste caso específico, significa ministério, chamado.

Seu nome era Simão (Atos 15.14; 2 Pedro 1.1) e ele era um pescador, filho de Jonas, irmão do também apóstolo André. Morava na cidade de Cafarnaum, onde vivia com a sogra (Mateus 8.14; Lucas 4.38).

Pedro foi um dos primeiros discípulos de Jesus. Tinha personalidade forte, era impulsivo e amava a Jesus tremendamente. Desde o começo demonstrava um chamado para liderança, mas era imaturo e explosivo.

Era também um dos mais íntimos de Jesus, e reconheceu que Ele era o Cristo, o Filho de Deus. Apesar de seu coração puro, Pedro negou a Jesus três vezes após Sua prisão, mas arrependeu-se e entristeceu-se profundamente, como lemos em Lucas 22.60-62.

Foi o primeiro a entrar no túmulo vazio após a ressurreição de Jesus. Logo depois, Jesus lhe apareceu e perguntou três vezes: "Pedro, tu me amas?". Depois desse novo encontro com Jesus, Pedro nunca mais foi o mesmo. Pregou o Evangelho com ousadia e coragem no dia de Pentecoste, e três mil pessoas se converteram (Atos 2.41).

Embora o objetivo seja falar sobre a capa de Pedro, não poderíamos fazê-lo sem uma breve explanação sobre as três ordens que ele recebeu do anjo, de maneira que tenhamos uma melhor compreensão do versículo. Dito isso, analisemos:

1º - Cinge-te

Significa preparar-se para o trabalho, equipar-se com o conhecimento da verdade. Você precisa entender que o soldado despreparado ou ferido não vence uma batalha, tampouco vai para a linha de frente. Entenda que você precisa permitir que o Espírito Santo restaure suas emoções e seu corpo físico para que você possa ser poderosamente usado por Deus. É certo que Ele quer usá-lo, pois Ele o criou com um propósito.

Alguns dicionários bíblicos dizem que "cingir" pode significar "ligar, unir, cercar". Encontramos várias passagens bíblicas referindo-se a cingir: *"Tu, pois, cinge os teus lombos, e levanta-te, e dize-lhes tudo quanto eu te mandar; não te espantes diante deles, para que eu não te envergonhe diante deles"* (Jeremias 1.17).

"Cinge os seus lombos de força, e fortalece os seus braços" (Provérbios 31.17).

"Estai, pois, firmes, tendo cingidos os vossos lombos com a verdade, e vestida a couraça da justiça" (Efésios 6.14).

2º- Calce as sandálias

Em Israel, as sandálias eram utilizadas para validar negócios, como transferências de propriedade. Um indivíduo retirava sua sandália e a entregava a outro. Dessa forma, eram legitimados os negócios, como podemos observar no livro de Rute.

"Havia, pois, já de muito tempo este costume em Israel, quanto a remissão e permuta, para confirmar todo o negócio; o homem descalçava o sapato e o dava ao seu próximo; e isto era por testemunho em Israel."
(Rute 4.7)

No livro de Êxodo, lemos como Moisés viu a sarça ardente ao apascentar o rebanho de Jetro e ouviu Deus mandá-lo retirar as sandálias dos pés. Nesse evento, Moisés recebeu um ministério diretamente das mãos de Deus. Ao tirar as sandálias, ele demonstrou reverência a Deus e, levando em conta o significado da sandália em Israel, também podemos entender que a sandália que Moisés retirou selou seu acordo com o Senhor.

"Então disse Deus: 'Não se aproxime. Tire as sandálias dos pés, pois o lugar em que você está é terra santa'."
(Êxodo 3.5)

Diante da batalha de Jericó, Josué também recebeu instruções. Podemos entender que, ao retirar as sandálias, ele reconheceu a soberania de Deus e sua dependência dEle.

"O comandante do exército do Senhor respondeu: 'Tire as sandálias dos pés, pois o lugar em que você está é santo'. E Josué as tirou."
(Josué 5.15)

Ao descrever a armadura, o Apóstolo Paulo usa como referência a armadura do soldado romano, que lhe era familiar. O soldado romano estava disposto a morrer por Roma, e sua armadura representava força e honra. Ao vestir a armadura, era revestido de autoridade, assim como você foi revestido de poder e autoridade pelo Senhor. Todo aquele que se levantasse contra o soldado estaria se levantando contra o próprio César; da mesma forma, todo aquele que se levantar contra você, o servo do Senhor, estará se levantando contra o Senhor. As sandálias eram de couro, duras e com tachas, e o solado precisava amarrá-las firmemente para que não tropeçasse ou perdesse o equilíbrio durante a batalha. Portanto, amarre suas sandálias e não perca o equilíbrio.

"E calçados os pés na preparação do evangelho da paz."
(Efésios 6.15)

3º - Ponha a capa

Finalmente chegamos à terceira ordem que Pedro recebeu do anjo, que para nós é a mais importante neste capítulo. Em outro capítulo já aprendemos qual o significado da capa, mas vale salientar que a troca da capa representa entregar ou receber autoridade; significa dizer *"estou lhe dando a minha vida, estou me dando a você"*. Em 1 Samuel 18.3-4, podemos observar essa prática quando Davi e Jônatas firmaram sua amizade.

Em Ezequiel 16.8 lemos que, apesar de Israel ser vista como a esposa adúltera por causa de suas práticas e escolhas, Deus não se esqueceu de Suas promessas para com seu povo:

"Mais tarde, quando passei de novo por perto, olhei para você e vi que já tinha idade suficiente para amar; então estendi a minha

capa sobre você e cobri a sua nudez. Fiz um juramento e estabeleci uma aliança com você, palavra do Soberano, o SENHOR, e você se tornou minha."

A esta altura, você deve estar questionando o porquê de todas essas informações. Gostaria de dizer-lhe que Deus estabeleceu um plano para a sua caminhada, e que Ele sempre estará com você. Jesus entregou Sua vida para que você tivesse salvação, plena paz, solução e vida em abundância. No entanto, para que você possa desfrutar essa vida em abundância, é necessário que compreenda que Deus só trabalha com os princípios que Ele mesmo estabeleceu. Cada vez que algum desses princípios é quebrado você terá prejuízo em alguma área de sua vida.

É fundamental compreender que, na aliança que Deus e você firmaram, aquele que se levantar contra você estará se levantando contra Deus. Contudo, isso não deve ser apenas uma informação, mas a sua convicção; pois, se decidir viver esta verdade nos momentos de dificuldade e grande pressão, como o momento que Pedro estava vivendo, você terá a oportunidade única de experimentar a paz que excede todo o entendimento (Filipenses 4.7). Certa vez, meditando sobre essa paz, o Espírito Santo me mostrou que é a paz que sentimos inexplicavelmente quando passamos por momentos difíceis e de muita pressão, em que nossa tendência é reagir com armas carnais. Essa paz é a paz que o mundo não consegue compreender, é a paz que sentimos em meio à guerra.

Essa é a paz que nos traz equilíbrio e discernimento para entender que a guerra que enfrentamos é do Senhor e que Ele pelejará à nossa frente (Deuteronômio 1.30). Ele providenciará o milagre de que você precisa.

Quando estamos em guerra, temos a tendência de analisar todas as possibilidades, tentando encontrar um caminho, uma direção. Muitas vezes, esquecemos o que o próprio Pedro disse a Jesus em João 6.68: que só Ele conhece o caminho, a direção. Quando ele nos trouxer a solução, nunca será alguma das possibilidades que nossa mente limitada conseguiu vislumbrar. Você deve estar se perguntando: por quê? Porque Ele é Deus, e tem em mente caminhos que nós sequer imaginamos. Ele tem a chave, a resposta de que você precisa, porque não está preso ao tempo limitado (cronos), mas vive no tempo oportuno, no momento certo (kairos). Ele está com você nessa angústia, situação ou adversidade, mas também já esteve no dia da vitória e, por isso, pode garantir que, se você perseverar, alcançará a vitória.

Quero profetizar que você vestirá a capa de Pedro, a capa dos livramentos, dos milagres e da autoridade que Deus tem pra você. Eu declaro sobre sua vida que você nunca mais viverá da mesma forma, que caminhará segundo a autoridade que já recebeu, entendendo o que significa essa autoridade, entendendo quem você é em Deus e quem Ele é pra você, em nome de Jesus.

ORAÇÃO

Senhor, em nome de Jesus eu tomo posse da capa de Pedro, a capa dos milagres e livramentos. Eu declaro que, depois de hoje, nunca mais serei o mesmo. Caminharei em autoridade e honra, entendendo quem sou. Eu declaro que a partir de hoje terei paz em meio às guerras. Terei a paz que excede todo o entendimento, em nome de Jesus.

Capítulo 8

A CAPA DO ABRIGO

A CAPA DE PAULO

"Quando você vier, traga a capa que deixei na casa de Carpo, em Trôade, e os meus livros, especialmente os pergaminhos."

Esta capa representa abrigo, proteção. É bem provável que Paulo estivesse em uma prisão úmida e fria, onde o que desejava era somente o suficiente para mantê-lo aquecido. Naquele momento, Paulo tinha uma necessidade física que podia ser suprida com a chegada da capa.

Mas eu não quero falar da necessidade física de Paulo, e sim da necessidade espiritual e de abrigo. Talvez você esteja se sentindo como Paulo, que foi abandonado por Demas, seu companheiro de caminhada que amou mais o mundo. Possivelmente o abandono foi o motivo pelo qual o apóstolo, sabendo que sua hora estava próxima, decidiu solicitar a presença de Timóteo. Talvez você tenha sido abandonado por sua família ou por aqueles com quem contava para cobri-lo em oração – justamente em um momento em que se sentia sem forças para se levantar, cansado, sozinho e sobrecarregado, achando que foi esquecido por Deus.

Muitas vezes procuramos sanar nossa necessidade de abrigo em pessoas ou em coisas, esquecendo que pessoas são falíveis e que coisas se deterioram - mas o verdadeiro abrigo não desaparece. Se você está precisando de abrigo, quero dizer-lhe que o refúgio que você necessita chama-se Jesus Cristo. Independentemente de sua condição neste momento, Ele está de braços abertos, esperando apenas que você clame a Ele, pedindo-lhe que seja seu abrigo, seu refúgio, sua fortaleza.

O Senhor é a sua proteção, e essa proteção basta. Nos dias frios e úmidos, Ele sempre estará com você. Nesses dias, se você crer, a chama do Espírito Santo de Deus arderá em seu peito, trazendo acalento, conforto e consolo. Ele será para sempre o amigo que jamais o abandonará. Ambos serão um e você nunca mais tornará a sentir-se só, desamparado ou desprotegido.

Hoje eu quero convidá-lo a revestir-se da capa de Paulo, que representa abrigo. Não se trata de uma capa de tecido, mas sim de uma capa espiritual, que é o Senhor Jesus Cristo. Ele é o abrigo que tem poder para protegê-lo da frieza espiritual e da apostasia; poder para ajudá-lo a levantar-se e caminhar novamente; poder para ajudá-lo a alçar voos mais altos na presença do Senhor, entendendo que até Jesus precisou de momentos de solitude.

Ele é o abrigo que tem poder de restauração, contudo, não o restaurará ao estado anterior. Se você permitir, Ele o restaurará por completo e o enviará às mesmas áreas onde você foi afrontado pelo inimigo das nossas almas para que possa ajudar outros que estão na mesma condição em que você estava.

O apóstolo Paulo pediu a capa ao amigo Timóteo para suprir uma necessidade física, mas tinha também uma necessidade espiritual e intelectual. Por isso, disse: "*Traga os livros, especialmente os pergaminhos*". Paulo tinha alguns livros e pergaminhos que foram deixados para trás, talvez envoltos na capa. Nessa ocasião, enquanto estava preso e aguardava a sentença de morte, ele já tinha escrito a maior parte das cartas que fariam parte do Novo Testamento. Ainda assim, pediu seus livros e pergaminhos.

Paulo está na prisão e não pode pregar. Como ele não pode pregar, lê. Se você não pode pregar a uma multidão, pregue para os que estão ao seu redor.

Você pode, por algum motivo, não ter como pregar neste momento, nem como trabalhar em público. Nem por isso você precisa parar. Se você não pode servir a Deus em público hoje, trabalhe nos bastidores. Se você não pode pregar, estude, leia a Bíblia, ore, consagre-se, seja cheio do Espírito Santo.

Se por alguma razão você não pode ir à igreja, leia a Bíblia e converse com Deus. Paulo estava preso em Roma, mas sua mente, sua alma e seu espírito estavam livres. Ele nunca sofreu de mente preguiçosa. Seu intelecto tinha fome de conhecimento.

Não temos como saber que pergaminhos seriam estes. Podem ter sido cópias das cartas que ele mesmo enviou às igrejas. Podem ter sido porções das Escrituras do A.T. (Pentateuco, históricos, poéticos e proféticos).

Paulo amava a Palavra de Deus. Ele sabia que a capa era para o corpo e os livros para a alma, mas os pergaminhos eram para seu espírito.

Hoje quero convidá-lo a vestir a capa espiritual de Paulo. Isso significa que Ele será seu abrigo e refúgio para sempre.

ORAÇÃO

Senhor, em nome de Jesus, eu me revisto da capa de Paulo. Eu declaro que tu serás meu abrigo, refúgio e fortaleza à partir de hoje. Declaro que tenho consciência de que jamais estarei sozinho, porque Tu sempre estarás comigo. Eu creio em Ti, Espírito Santo, e sei que a Tua chama, que arde em mim, jamais me deixará só. Eu declaro que essa chama me aquecerá nos momentos de frio. Em nome de Jesus, Amém.

Capítulo 9

A CAPA DO NOVO TEMPO, DA NOVA ERA E DA RESTAURAÇÃO FUTURA

A CAPA DE AÍAS

"Sucedeu, pois, naquele tempo que, saindo Jeroboão de Jerusalém, o profeta Aías, o silonita, o encontrou no caminho, e ele estava vestido com uma roupa nova, e os dois estavam sós no campo."

Aías foi profeta sob a supervisão de Neemias, filho de Eúde, um dos guerreiros (heróis) de Davi, um levita na época de Davi. Seu nome significa "Jesus voltará". Era irmão de Javé (Yahu), mencionado também em 2 Crônicas 9.29.

Mais uma vez vemos os frutos de escolhas erradas na vida dos filhos. Quando Salomão desobedeceu ao Senhor, o profeta saiu para encontrar-se com Jeroboão. Diante dele, Aías rasgou suas vestes, simbolizando a divisão das tribos de Israel e entregando a Jeroboão dez das doze tribos.

Não podemos nos esquecer de que nossas escolhas têm consequências e de que a semeadura é opcional, mas que a colheita é obrigatória (Gálatas 6.7). Isso não quer dizerque por semear de maneira errada o Senhor não poderá usar seu equívoco e suas más escolhas para ensiná-lo. Tampouco quer dizer que Ele não tem um plano traçado para transformar seus erros em tempo de preparo, restauração, libertação e cura.

A capa do profeta Aías representa a restauração futura. Ainda que tudo pareça fora do lugar, fora de propósito, e pareça até que não há mais tempo para que se cumpram as promessas do Senhor em sua vida, quero te dizer que você está olhando sua vida pelo prisma errado: pela perspectiva que o inimigo da sua alma quer lhe mostrar. O que você precisa começar a fazer é pedir, em primeiro lugar, que o Senhor abra seus olhos, assim como Ele o fez a pedido de Eliseu em 2 Reis 6.17. Comece a olhar para as situações em sua vida pela perspectiva do Senhor, e entenda esse tempo difícil como um tempo de preparo e habilitação.

O mundo espiritual é uma terra fértil, mas o Senhor nos chamou para militar nas regiões celestiais (Efésios 6.12), onde nossas armas não são as carnais, mas poderosas em Deus para destruir fortalezas (2 Coríntios 10.4). Mais uma vez você deve estar se perguntando: o que isso tem a ver com a capa do profeta Aías? Talvez você olhe e veja apenas um reino sendo dividido e levado ao cativeiro. No entanto, se você conseguir olhar adiante, descobrirá que o Senhor não se esqueceu da aliança que tinha com Seu povo em nenhum momento, assim como não se esqueceu da aliança que fez com você. Ele nunca perdeu o controle, mas precisou ensinar seu povo. Ele o ensinará também, a fim de que você esteja preparado para exercer seu chamado com excelência quando chegar o tempo aceitável Dele em sua vida. Nenhum de nós pode correr do processo de Deus em nossas vidas. Para que você se torne um general, precisa tornar-se um tenente, depois um capitão, em seguida um coronel, até que se torne um general no exército de Cristo, que sempre será nosso marechal. Como marechal Ele sempre saberá traçar a melhor estratégia, nos fornecerá a arma adequada a cada batalha e nos capacitará com uma unção sobrenatural. Esse processo exigirá anos de estudo e preparo, nos quais você deverá aprender a honrar (porque só será honrado por Deus aquele que aprendeu a honrar), aprender a sujeitar-se (porque só será elevado à posição de autoridade e comando aquele que aprendeu a se sujeitar, conforme Tiago 4.7) e entender que, quanto maior você for, mais precisará servir (Marcos 9.35). Você terá que abandonar todos os ensinamentos e valores do mundo, pois eles são opostos aos ensinamentos da Bíblia.

O próprio Deus capacita aqueles que alista para Seu exército. Não se preocupe, Ele estará com você em todo o tempo, e o doce e meigo Espírito Santo lhe ensinará tudo o que você precisa para exercer seu chamado com excelência. Olhe novamente para a sua vida e veja o que o Senhor quer lhe mostrar. Olhe para o chamado tremendo que Ele lhe deu e as pessoas que o estão esperando para se achegarem a Deus. Olhe com os olhos espirituais e veja quantas almas serão reconciliadas com o Senhor por causa da sua vida. Olhe para você hoje e veja o quanto você cresceu na graça e no conhecimento das coisas de Deus. Olhe-se em frente ao espelho e veja quanta maturidade você adquiriu ao longo do tempo no qual tem caminhado com o Senhor.

Comece a vislumbrar as situações repetidas que você tem vivido e, em vez de murmurar por estar vivendo as mesmas situações, comece a prestar atenção em como você consegue lidar com essas adversidades de forma diferente nos dias atuais, com mais sabedoria e maturidade.

Na escola de guerra do Senhor você aprenderá a diferenciar a servidão a Deus e a servidão aos reis da terra e a se enxergar com olhos espirituais.

Quero convidá-lo a se revestir da capa do profeta Aías, a capa da restauração futura, a capa do novo tempo de Deus em sua vida.

ORAÇÃO

Senhor, em nome de Jesus, eu tomo posse da capa do profeta Aías e de tudo o que ela representa. Eu declaro que hoje começa um novo tempo em minha vida. Eu declaro que viverei todos os seu sonhos e planos pra mim. Senhor, eu te peço: abre os meus olhos para que eu veja todas as coisas pela Tua perspectiva a partir de hoje. Unge os meus ouvidos, para que estejam sensíveis à Tua voz. Espírito Santo de Deus, Tu és meu melhor amigo, o meu ajudador, meu mestre, e hoje eu peço que Tu me ensines tudo o que eu preciso aprender para exercer meu chamado com excelência. Eu te peço que conduzas os meus passos para que eu esteja sempre no centro da Tua vontade. Em nome de Jesus, Amém.

Capítulo 10

A CAPA DA HUMILHAÇÃO

A CAPA DE JESUS

"E, depois de o haverem escarnecido, tiraram-lhe a capa, vestiram-lhe as suas vestes e o levaram para ser crucificado."

Chegamos ao nosso último e mais importante capítulo: a capa de Jesus, a capa da humilhação.

Eu não poderia escrever este capítulo sem falar das vestes de Jesus.

A primeira peça que abordaremos é a veste resplandecente descrita em Lucas 23.11. No versículo oito desse capítulo, Lucas relata que a expectativa de Herodes era ver Jesus realizar algum milagre, já que Sua fama era grande. Entretanto, o versículo nove diz que Jesus não lhe respondeu palavra.

Tendo em vista que Herodes não temia a Jesus, o objetivo dessa veste era escarnecê-lo. Pesquisando a respeito encontrei um artigo de Frankcimarks Oliveira baseado em outro texto de Norbert Lieth, do ministério Chamada da Meia-Noite, afirmando que essa veste se refere à vaidade, orgulho e injustiça de autoridades. Não pude deixar de atentar para o versículo doze, que afirma que, até aquele evento, Pilatos e Herodes eram inimigos, mas se tornaram amigos por causa de Jesus. Não é diferente com você hoje, porque o diabo continua usando pessoas para se unirem na resistência ao seu ministério, à sua família e às suas convicções. Você precisa desviar o olhar das pessoas e direcioná-lo para a região celestial, onde o Espírito Santo lhe mostrará a arma adequada para cada tipo de batalha a ser enfrentada. Isso porque, na região celestial, o seu Marechal estará adiante de você. A estratégia já estará pronta para vencer mais essa batalha.

Quanto às vestes comuns, Mateus 27.31 faz menção à humanidade de Jesus, mostrando que Ele se fez pecado por amor a mim e a você. As vestes comuns lembram-nos de que todos nós pecamos e que, por causa desse amor Ágape de Jesus por nós, o nosso Deus olha para nós hoje e enxerga o sangue de Jesus, que nos purificou, lavou, limpou, transformou e reconciliou com Deus.

A túnica sem costura (João 19.23-24) faz referência ao sacerdócio perfeito, indivisível e eterno de Jesus. Uma túnica sem costura era um item raro, produzido exclusivamente na Palestina. Essa é a descrição da túnica de um sumo sacerdote. Também podemos observar o cumprimento da palavra do Salmo 22.18. Assim como a túnica de Jesus, o chamado que você recebeu vai durar até a cruz. É um chamado perfeito porque não depende de você, mas do Senhor que o capacitou com todas as qualidades e ferramentas necessárias para exercê-lo. É indivisível porque você é um com o Pai (João 17.21).

O pano (Mateus 27.59) e a nudez fazem referência a pecado e vergonha, aludindo ao pecado original. Isso quer dizer que a nossa vergonha caiu sobre Ele. Por que você tem se sentido envergonhado e confuso, se a Palavra do Senhor já lhe assegurou que o inimigo da sua alma é quem ficará envergonhado e confuso (Is 41.11)? Por que se a sua alma se abate? Espere em Deus, porque Ele já garantiu que você o louvará (Salmo 42.5).

Era costume entre os judeus que o morto fosse envolvido em lençóis de linho com aromas na preparação para o sepulcro (João 19.40). Isso demonstra que Jesus cumpriu a Lei e estabeleceu a Graça ao ressuscitar. Hoje você vive na graça, então não permita que a lei o escravize e o acuse. Lembre-se de que a lei quer expor, mas a graça, ah!, a graça encobre. Entenda bem, isso não significa que você recebeu permissão para pecar. A graça encobre, mas nunca acoberta.

Deixamos a capa escarlate para o final, por tratar-se do tema do nosso livro.

A capa escarlate (Mateus 27.26-28) era uma capa vermelha usada pelos soldados romanos. Remete à violência e ao derramamento de sangue sobre a terra. No artigo "O Caminho para a Cruz", Nobert Lieth afirma que os 200 ou mais solados de toda a guarnição resolveram se divertir cruelmente antes que o trabalho sério começasse. Os romanos, famosos pela crueldade, decidiram demonstrar seu ódio por Israel escarnecendo de Jesus.

Gostaria de abrir um parêntese aqui para mais uma vez mostrar-lhe a importância de observar as situações com os olhos do Senhor. A humanidade é retratada pelos soldados romanos maus e violentos. Veja como a sabedoria de Deus é tremenda: os soldados achavam que estavam zombando de Jesus, mas estavam participando de um ato profético. Jesus poderia ter olhado para as circunstâncias e visto humilhação, vergonha e abandono, mas, em vez disso, enxergou propósito.

O que eu desejo perguntar a você é quantas vezes você tem permitido que pessoas o vistam com uma capa velha e surrada para deformar aquilo que você é, e quantas vezes você tem permitido que esse tipo de capa defina quem você é? Quero dizer que você é o que a Bíblia diz: mais que vencedor em Cristo Jesus, de cujo amor nada o poderá separar (Romanos 8.37-39). As circunstâncias que você vive hoje não podem defini-lo, a não ser que você permita.

Em Mateus 27.28, podemos verificar que Jesus se despiu de Sua glória para vestir a capa da humilhação - tudo isso somente para que nós pudéssemos vestir a capa da salvação.

Ao longo de minha caminhada, tenho aprendido muito com o Espírito Santo. Gostaria de compartilhar um desses ensinamentos com você. Há algum tempo, numa segunda-feira aparentemente normal, meu marido me chamou ao chegar do trabalho e disse que tinha sido convocado a comparecer diante de seu superior. No meio em que meu marido trabalha, isso não significa boa notícia, então entramos em oração naquela noite. Confesso que não dormi bem, pois estava muito preocupada. A reunião estava marcada para a terça-feira, às oito horas da manhã. Às oito e meia, meu marido telefonou para dizer que havia sido dispensado. Num primeiro momento, fiquei muito nervosa e sem saber exatamente o que dizer a ele, que estava muito abatido. Foi então que respirei e fui orar. Conversei com o Espírito Santo para saber o que estava acontecendo, porque Ele tinha feito uma promessa quando meu marido foi trabalhar naquele local. Ele me disse que não contasse nada a ninguém e que nos mantivéssemos em oração, apenas meu marido e eu. Assim fizemos naquele primeiro dia (terça-feira). Na quarta-feira, continuamos em oração. Meu marido, muito abatido, foi assinar sua demissão.

Seu chefe lhe perguntou se ele poderia passar adiante suas funções na quinta-feira, com o que ele concordou.

Nesse tempo eu era líder de uma célula de mulheres que acontecia em minha casa, às quartas-feiras à tarde. Lembro que naquela quarta as mulheres começaram a enviar mensagens, dizendo que tinham tido algum imprevisto e que não poderiam comparecer ao nosso encontro. Pensei que fosse um sinal de que, naquele dia, a célula não aconteceria por falta de quórum, mas uma jovem senhora me pediu aconselhamento. Eu dizia ao Senhor que não tinha condições, que estava muito preocupada, mas Ele me disse: "Minha serva, você consegue, porque não depende de você, mas de mim". Prontamente obedeci.

À noite eu disse ao meu marido: "Vamos orar, porque essa vaga de emprego é do Senhor. Ele o colocou lá e nos fez uma promessa a respeito desse emprego. Então, para tocar em seu emprego, Satanás vai ter que pedir permissão ao Senhor. Você só sairá de lá se o nosso Senhor permitir".

Na manhã de quinta-feira meu marido saiu de casa como de costume e foi ao trabalho para passar adiante suas funções, conforme havia acordado com o superior. Antes do final da manhã, ele me telefonou dizendo que tentara ligar para um amigo que ocupava uma posição mais alta do que seu chefe direto, para conversar com ele a respeito de sua situação. Ele não tinha obtido sucesso, e por isso já havia limpado o armário, as gavetas e o computador. Viria para casa. Senti uma força e autoridade que definitivamente não eram minhas e lhe disse que pusesse tudo no seu devido lugar, porque só sairia de lá se o nosso Deus assim determinasse. Disse que eu dobraria os joelhos e oraria.

Cinco minuto depois da oração o telefone tocou: era meu marido dizendo que o chefe de Brasília havia ligado e dito que não saísse de lá, porque reverteria a situação. Eu lhe disse: "Não era você que tinha que ligar para ele. O Senhor queria lhe mostrar que, quando estamos vivendo em santidade e obediência, é Ele quem move céus e terra para nos livrar e mostrar seu poder e soberania". Não preciso dizer o quanto ficamos alegres e maravilhados com o que o Senhor havia feito. Dois meses depois, meu marido foi promovido a uma função superior à que exercia. Glória a Deus, Ele é fiel.

Mas você deve estar querendo saber qual foi o ensinamento que o Espírito Santo me deu através dessa circunstância. Quando desliguei o telefone naquela manhã e fui agradecer, Deus me disse: "Sabe, minha serva, o Diabo adora se regozijar no primeiro dia, mas sempre se esquece de que haverá o terceiro dia, e que no terceiro dia há ressurreição."

Neste momento, quero parabenizá-lo. Você concluiu esta leitura, e eu sei que foi necessária muita força de vontade para abandonar algumas dessas capas por um lado, e uma boa porção de fé para revestir-se das demais capas por outro. Mas não se preocupe se não conseguiu abrir mão de todas as capas que julgava necessário, ou se sente que não conseguiu se revestir de todas as demais. Gostaria de convidá-lo a vestir a capa da salvação, em nome de Jesus. Posso afirmar a você que, se tomar essa decisão hoje, sua vida nunca mais será a mesma.

Depois dessa decisão, você descobrirá que a Palavra do Senhor nos ensina que *"de todos os lados somos pressionados, mas não desanimados; ficamos perplexos, mas não desesperados; somos perseguidos, mas não abandonados; abatidos, mas não destruídos. Trazemos sempre em nosso corpo o morrer de Jesus, para que a vida de Jesus também seja revelada em nosso corpo"* (2 Coríntios 4.8-10).

ORAÇÃO

Hoje eu declaro que Jesus Cristo é o filho de Deus, que entregou sua vida na cruz do Calvário por mim. Eu declaro que Ele é meu único e suficiente Salvador. Em nome de Jesus, Amém.

Que o amor de Deus, a paz do nosso Senhor Jesus Cristo e as doces consolações do Espírito Santo estejam conosco hoje e para todo o sempre. Amém.

Compartilhe suas
impressões de leitura escrevendo para:
contato@autordafe.com.br

www.autordafe.com.br

www.ingramcontent.com/pod-product-compliance
Lightning Source LLC
LaVergne TN
LVHW040942150826
845672LV00002B/505

* 9 7 9 8 8 4 7 0 3 1 4 0 0 *